イラストアラカルト

P002_01

P002_02

P002_03

P002_04

P002_05

P002_06

P002_07

P002_08

P002_09

P002_10

P002_11

P002_12

P002_13

P002_14

P002_15

P002_16

P002_17

P002_18

P002_19

P002_20

P003_01

P003_02

P003_03

P003_04

P003_05

P003_06

P003_07

P003_08

P003_09

P003_10

P003_11

P003_12

P003_13

P003_14

P003_15

P003_16

P003_17

P003_18

P003_19

P003_20

P004_01

P004_02

P004_03

P004_04

P004_05

P004_06

P004_07

P004_08

P004_09

P004_10

P004_11

P004_12

P004_13

P004_14

P004_15

P004_16

P004_17

P004_18

P004_19

P004_20

P005_01

P005_02

P005_03

P005_04

P005_05

P005_06

P005_07

P005_08

P005_09

P005_10

P005_11

P005_12

P005_13

P005_14

P005_15

P005_16

P005_17

P005_18

P005_19

P005_20

P006_01

P006_02

P006_03

P006_04

P006_05

P006_06

P006_07

P006_08

P006_09

P006_10

P006_11

P006_12

P006_13

P006_14

P006_15

P006_16

P006_17

P006_18

P006_19

P006_20

P007_01

P007_02

P007_03

P007_04

P007_05

P007_06

P007_07

P007_08

P007_09

P007_10

P007_11

P007_12

P007_13

P007_14

P007_15

P007_16

P007_17

P007_18

P007_19

P007_20

食育ポスター

P008_01

P008_02

健康ポスター

P009_01

P009_02

P009_03

P009_04

P009_05

囲み見出し

P010_01

P010_02

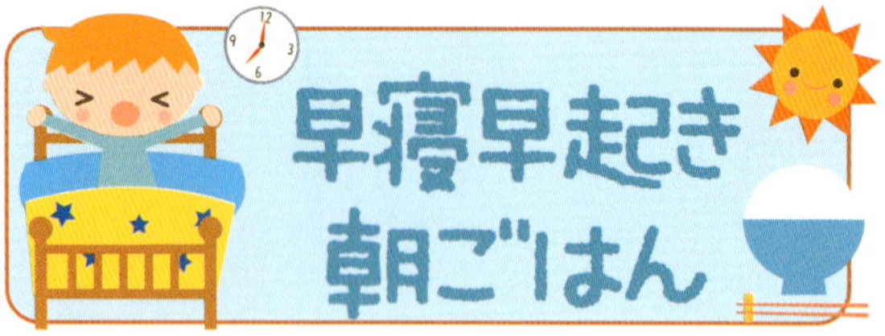

P010_03

P010_04

P010_05

P010_06

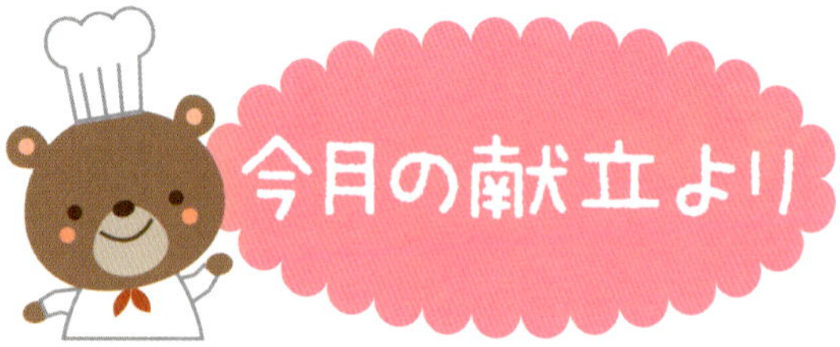

P010_07

P010_08

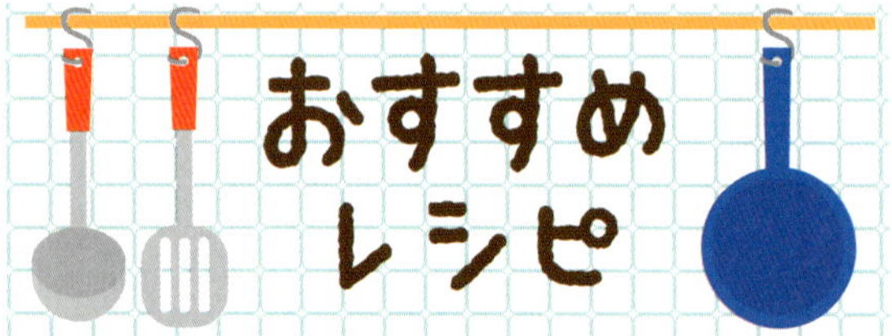

P010_09

P010_10

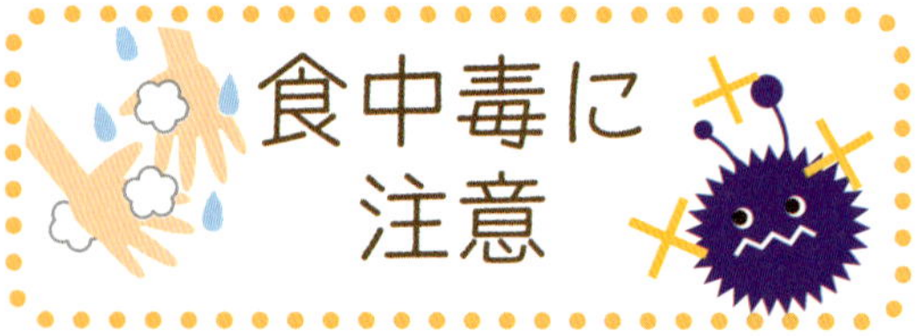

P010_11

P010_12

P011_01

P011_02

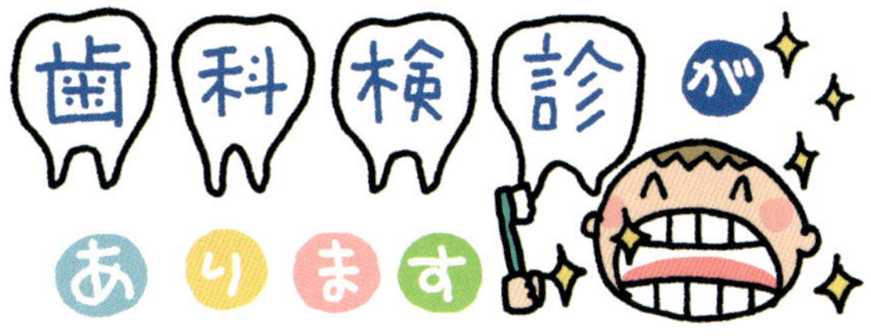

P011_03

P011_04

P011_05

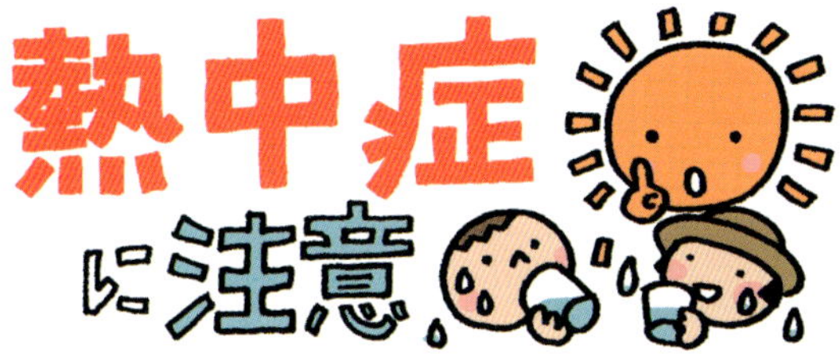

P011_06

P011_07

P011_08

P011_09

P011_10

P011_11

P011_12

フリー見出し

P012_01

P012_02

P012_03

P012_04

P012_05

P012_06

P012_07

P012_08

P012_09

P012_10

P012_11

P012_12

P013_01

P013_02

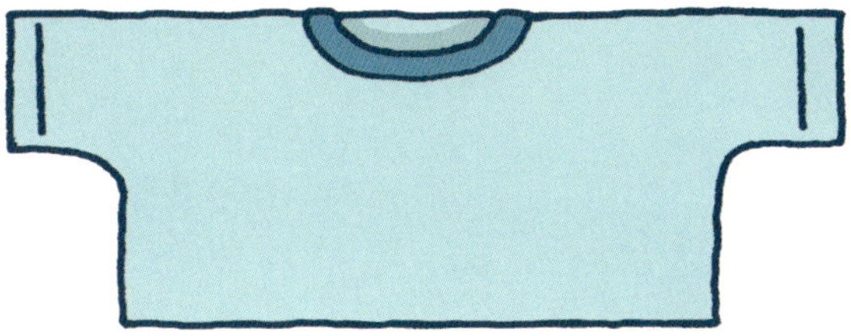
P013_03

P013_04

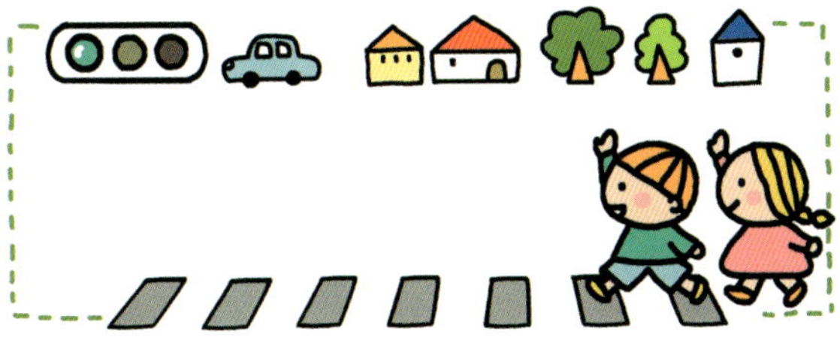
P013_05

P013_06

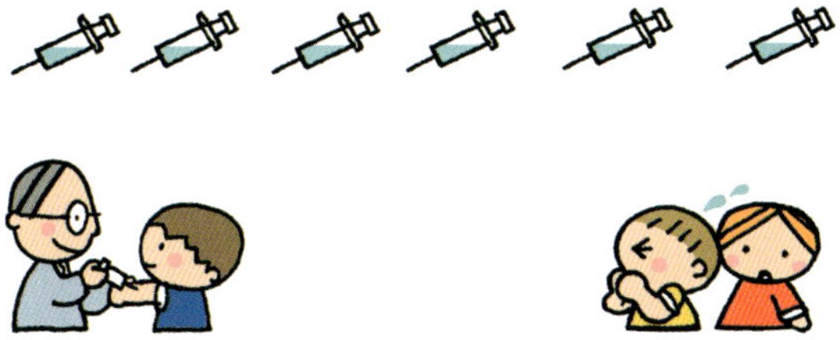
P013_07

P013_08

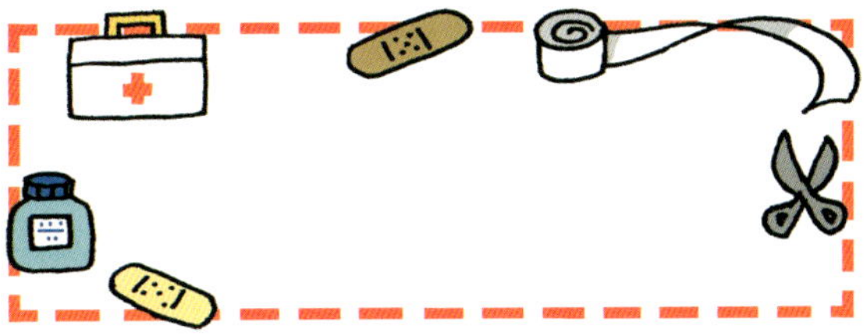
P013_09

P013_10

P013_11

P013_12

飾り罫

P014_01

P014_02

P014_03

P014_04

P014_05

P014_06

P014_07

P014_08

P014_09

P014_10

P014_11

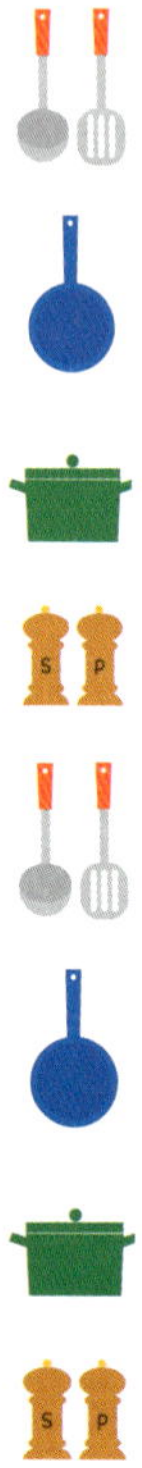

P014_12

P014_13

P014_14

P014_15

P015_01

P015_02

P015_03

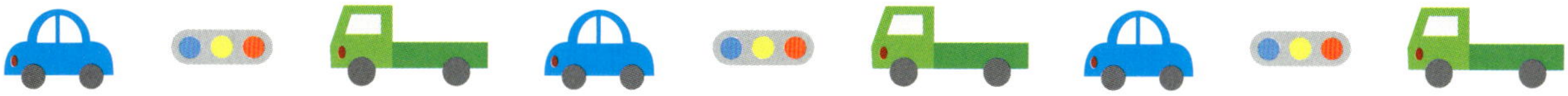

P015_04

P015_05

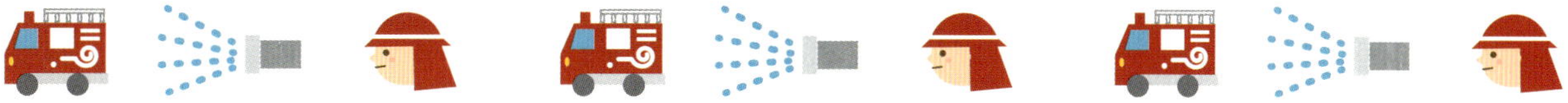

P015_06

P015_07

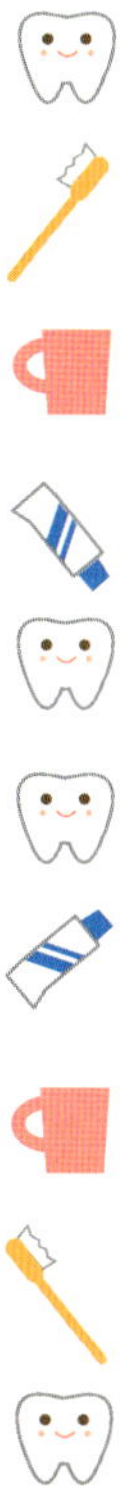

P015_08

P015_09

P015_10

P015_11

P015_12

P015_13

P015_14

P015_15

お願い･お知らせ

01_color ▶ 03_midashi ▶ P016

P016_01

P016_02

P016_03

P016_04

P016_05

P016_06

P016_07

P016_08

P016_09

P016_10

P016_11

P016_12

P016_13

P016_14

P016_15

P016_16

P016_17

P016_18

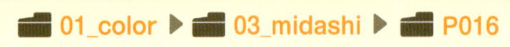

この本の特長

＊

食育だよりに

毎月の旬の食材や行事食の由来、さらに栄養素や食生活など、ご家庭に伝えたい情報とイラストを掲載。また0・1・2歳児の保護者向け文例もまとめて紹介しています。

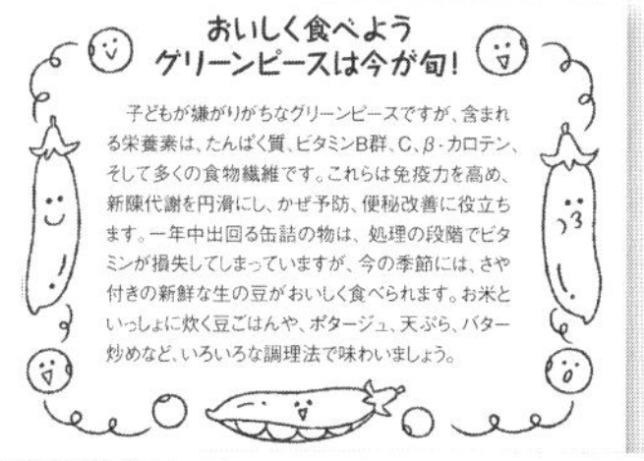
おいしく食べよう
グリーンピースは今が旬!

子どもが嫌がりがちなグリーンピースですが、含まれる栄養素は、たんぱく質、ビタミンB群、C、β-カロテン、そして多くの食物繊維です。これらは免疫力を高め、新陳代謝を円滑にし、かぜ予防、便秘改善に役立ちます。一年中出回る缶詰の物は、処理の段階でビタミンが損失してしまっていますが、今の季節には、さや付きの新鮮な生の豆がおいしく食べられます。お米といっしょに炊く豆ごはんや、ポタージュ、天ぷら、バター炒めなど、いろいろな調理法で味わいましょう。

ミルクを扱うときの注意

調乳前には必ず
手を洗いましょう

粉ミルクは正確に
測りましょう

ミルクの飲み残しは
処分しましょう

粉ミルクは開封後1カ月以内に
使いきりましょう

＊

保健だよりに

生活習慣から体調管理、さらに子どもがかかりやすい病気について、原因・症状・対応に分けてわかりやすく掲載。0・1・2歳児の体のケアの文例もまとめて紹介しています。

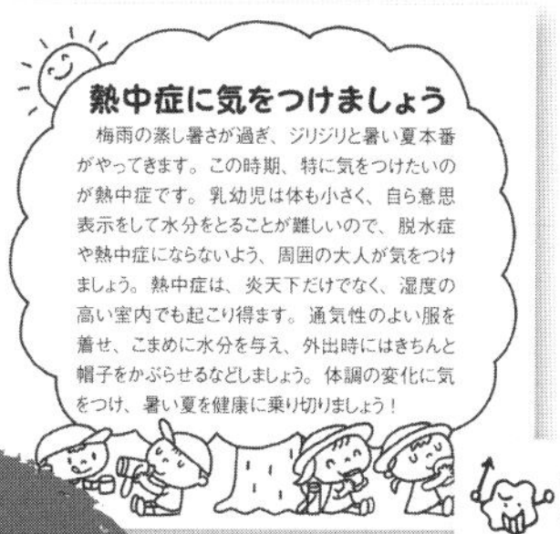
熱中症に気をつけましょう

梅雨の蒸し暑さが過ぎ、ジリジリと暑い夏本番がやってきます。この時期、特に気をつけたいのが熱中症です。乳幼児は体も小さく、自ら意思表示をして水分をとることが難しいので、脱水症や熱中症にならないよう、周囲の大人が気をつけましょう。熱中症は、炎天下だけでなく、湿度の高い室内でも起こり得ます。通気性のよい服を着せ、こまめに水分を与え、外出時にはきちんと帽子をかぶらせるなどしましょう。体調の変化に気をつけ、暑い夏を健康に乗り切りましょう!

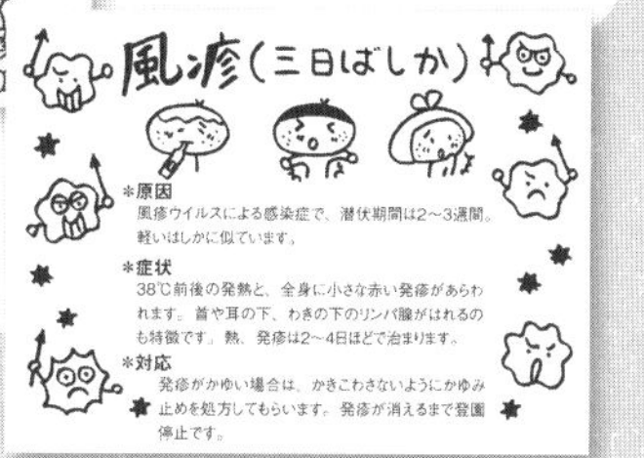
風疹(三日ばしか)

＊原因
風疹ウイルスによる感染症で、潜伏期間は2～3週間。軽いはしかに似ています。

＊症状
38℃前後の発熱と、全身に小さな赤い発疹があらわれます。首や耳の下、わきの下のリンパ腺がはれるのも特徴です。熱、発疹は2～4日ほどで治まります。

＊対応
発疹がかゆい場合は、かきこわさないようにかゆみ止めを処方してもらいます。発疹が消えるまで登園停止です。

毎月の
おたよりや
季節の
お知らせに

＊

安全のお知らせに

防災、交通安全、防犯・事故防止の3つのテーマの文例を掲載。昨今気になる情報を、保護者へ必要に応じてお届けください。

避難訓練

9月1日は防災の日です。園では、毎月子どもたちの年齢に合わせた防災訓練を行っています。また、いざというときに、落ち着いて子どもたちを避難させられるよう、日ごろから避難経路や避難場所の確認などをしています。この機会に、ご家庭でもどういう準備をしておけばよいのか、話し合ってみてはいかがでしょうか。

いかのおすし

「いかのおすし」の意味を知っていますか。

いか…行かない(知らない人について行かない)
の…乗らない(知らない人の車には乗らない)
お…大きな声で叫ぶ
す…すぐ逃げる
し…知らせる(何かあったらすぐ知らせる)

これは、子どものための防犯の標語です。「ののつく約束ってなんだ?」と会話をしながら覚えられるとよいですね。

＊

ミニポスターに

食育ポスターや、手洗い・歯磨きなどの健康ポスター、安全面への注意など、ポスターとしてそのまま貼って使える便利なデータ付きです。

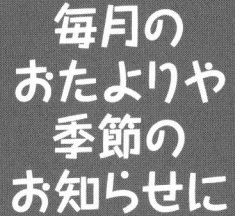

CONTENTS

＊ カラーイラスト

＊ テンプレート

PART 1 食育 おたより文例&イラスト

PART 2 健康 おたより文例&イラスト

PART 3 安全 おたより文例&イラスト

この本の使い方

一年を通して、食育・健康・安全のおたよりやお知らせを作るときに役立つ、イラストやテンプレート、文例をたくさん掲載しています。目的に合わせて、楽しくご活用ください。

ページの見方

テーマ

イラストやテンプレート、文例をわかりやすいテーマ別にまとめて掲載しています。おたよりやお知らせ作成時に選ぶ目安にしてください。

文例

毎月のあいさつ文例です。アレンジを加えて、食育だよりの書き出しなどに使いましょう。

CD-ROMの階層

各ページに掲載されているイラストやテンプレート、文例を収録しているフォルダの位置を示しています。これをもとに必要なファイルを探しましょう。

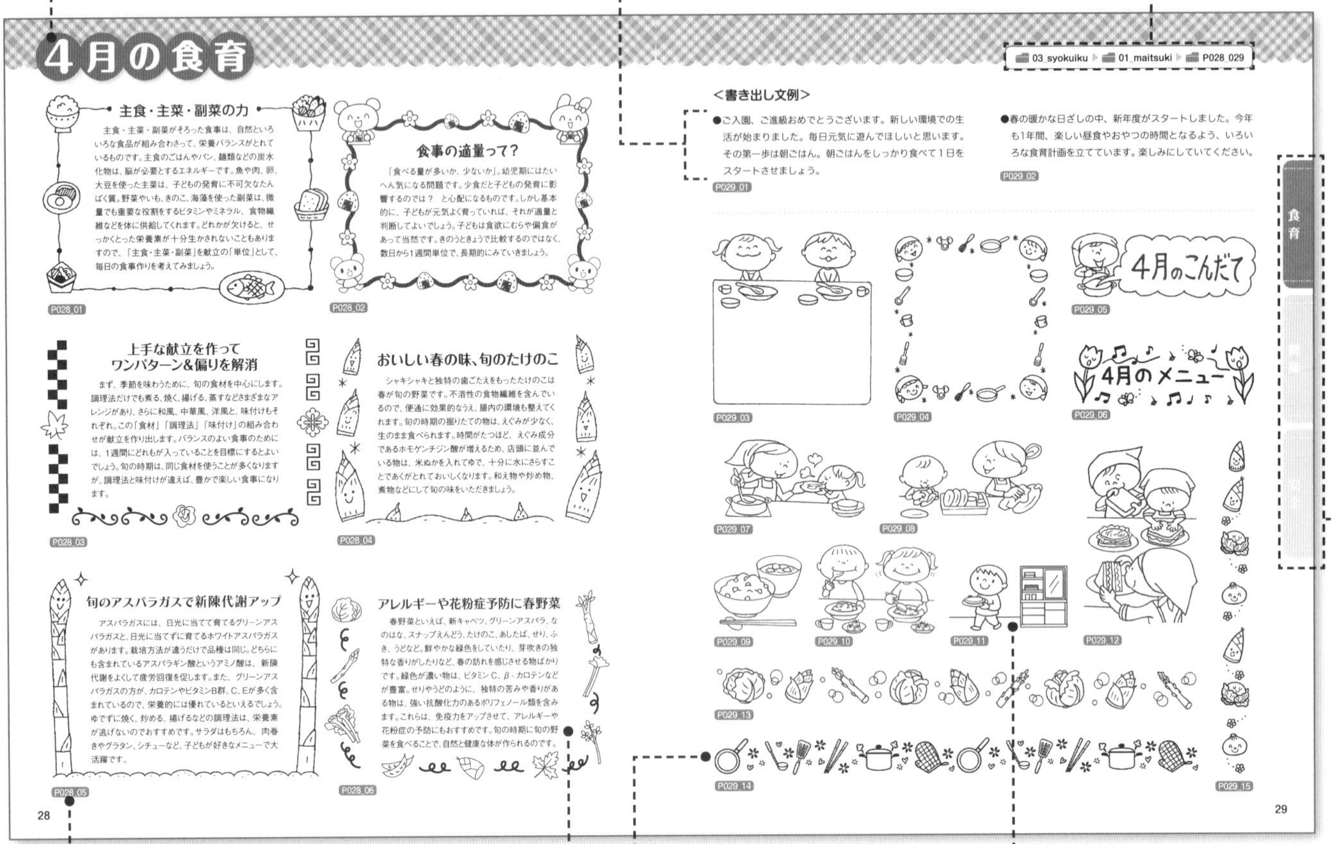

ファイル名

CD-ROMに収録されているイラスト、テンプレート、文例のファイル名です。

フレーム付き文例

イラストフレームと文章を組み合わせたものです。CD-ROMには、イラストフレームと文章がそれぞれ別に収録されているので、イラストだけ取り出したり、文章だけ使ったりすることができます。

飾り罫

タイトル周りに使ったり、文章と文章の間を区切ったりと、便利に使えるイラストです。

イラスト

CD-ROMに収録されているイラストの見本です。P2～16はカラーイラスト、それ以外はモノクロのイラストです。

インデックス

各見開きごとに、食育・健康・安全のどの項目が入っているかを示しています。

CD-ROMの階層

付属のＣＤ-ＲＯＭに収録されているイラストやテンプレート、テキストは、すべてページごとのフォルダに入っています。下の図の階層を参考にして、使用したいデータを探しましょう。

食育健康安全
おたよりイラスト

種類	見出し	ページ	ファイル名
01_color	01_illust	P002_003	P002_01 ～ P003_20
		P004_005	P004_01 ～ P005_20
		P006_007	P006_01 ～ P007_20
	02_poster	P008_009	P008_01 ～ P009_05
	03_midashi	P010_011	P010_01 ～ P011_12
		P012_013	P012_01 ～ P013_12
		P014_015	P014_01 ～ P015_15
		P016	P016_01 ～ P016_18
02_template		P022_023	P022_01 ～ P023_10
		P024_025	P024_01 ～ P025_07
		P026	P026_01 ～ P026_06
03_syokuiku	01_maitsuki	P028_029	P028_01 ～ P029_15
		P030_031	P030_01 ～ P031_17
		P050_051	P050_01 ～ P051_15
	02_eiyou	P052_053	P052_01 ～ P053_06
		P054_055	P054_01 ～ P055_06
	03_syokuseikatsu	P056_057	P056_01 ～ P057_06
		P058_059	P058_01 ～ P059_06
		P064_065	P064_01 ～ P065_06
	04_012sai	P066_067	P066_01 ～ P067_10
		P068_069	P068_01 ～ P069_06
		P070	P070_01 ～ P070_06
04_kenkou	01_haru	P072_073	P072_01 ～ P073_06
		P074_075	P074_01 ～ P075_06
	02_natsu	P076_077	P076_01 ～ P077_06
		P078_079	P078_01 ～ P079_06
	03_aki	P080_081	P080_01 ～ P081_06
		P082_083	P082_01 ～ P083_06
	04_fuyu	P084_085	P084_01 ～ P085_06
		P086_087	P086_01 ～ P087_06
	05_012sai	P088_089	P088_01 ～ P089_09
		P090_091	P090_01 ～ P091_06
		P092	P092_01 ～ P092_06
05_anzen	01_bousai	P094_095	P094_01 ～ P095_11
	02_koutsuu	P096_097	P096_01 ～ P097_08
	03_bouhan	P098_099	P098_01 ～ P099_09
	04_poster	P100_101	P100_01 ～ P101_02
		P102_103	P102_01 ～ P103_02
		P104_105	P104_01 ～ P105_02

CD-ROMのご利用上の注意

CD-ROMをご利用になる前に、必ずお読みください。

■ 動作環境について

本書付属のCD-ROMは、Windowsのみに対応しており、Microsoft Officeがインストールされたパソコンでご利用いただけます。付属のCD-ROMをご利用いただくには、以下のものが必要です。

<パソコン>
パソコンに、CD-ROMドライブまたはCD-ROMを読み込めるDVD-ROMドライブが装備されたもの。
<対応OS>
Windows XP、Windows Vista、Windows7、Windows8
<対応アプリケーションソフト>
Office2003 ／ 2007 ／ 2010 ／ 2013

■ ご注意

○付属のCD-ROMは、音楽CDではありませんので、オーディオプレーヤーでは再生しないでください。

○付属のCD-ROMに収録されたイラストデータは、JPEG形式の画像ファイルです。拡大するとラインのギザギザが目立つ場合があります。また、お使いのプリンターやディスプレイの設定などにより、イラストの色調が本書掲載物と異なる場合があります。

○収録されているテンプレートは「Windows7」上で動く「Microsoft Office Word 2007」で作成し、保存してあります。お使いのOSやアプリケーションのバージョンによっては、レイアウトが崩れる可能性がありますので、あらかじめご了承ください。

■ データの使用許諾について

○付属のCD-ROMに収録されているデータは、本書をご購入されたお客様のみに使用が許可され、営利を目的としない園だよりや学校新聞、プライベートなカード等に使用できます。園の広告、マーク、ホームページ（個人的なものを含む）などには無断で使用することはできません。

○付属のCD-ROMに収録されているデータを無断でコピーして頒布することは、著作権法上で固く禁じられています。

■ CD-ROM取り扱い上の注意

○CD-ROMの裏面に汚れや傷をつけると、データが読み取れなくなる場合がありますので、取り扱いには十分ご注意ください。

○付属のCD-ROMを使用して生じたデータ消失、ハードウェアの損傷等に関しましては、いかなるトラブルも補償できません。お使いのパソコンの説明書や注意をよく読んでからご使用ください。

※Microsoft、Windows、Microsoft Officeは、米国Microsoft Corporationの登録商標です。本書では、商標登録マークなどの表記は省略しています。

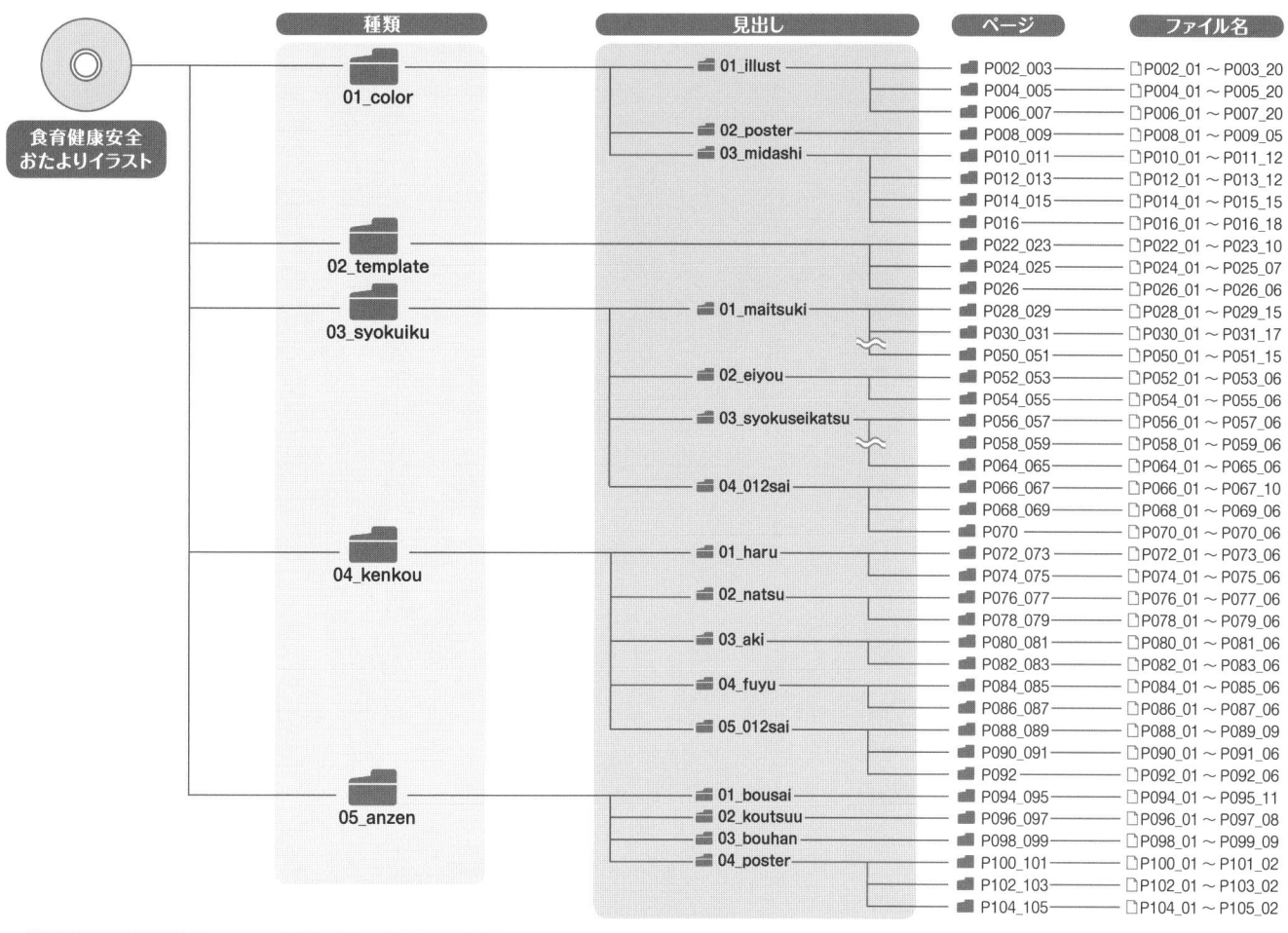

テンプレート

保護者への「おたより」や「お知らせ」などを作るときに、ひな形(土台)となるテンプレートを紹介します。
Wordを使って、文字やイラストを変えながら楽しく作りましょう。作り方はｐ106 ～ 111を参考にしてください。
また、テンプレート内で使用している文章やイラストは、それぞれCD-ROMに収録されています。
単独でも使用することができますので、ファイル名をもとに探してお使いください。

食育だより①

4月 パクパクだより

２０××年○月○日
チャイルド園

春の暖かな日差しの中、新年度がスタートしました。今年も１年間、楽しい昼食やおやつの時間となるよう、いろいろな食育計画を立てています。楽しみにしていてください。

給食がはじまります

子どもたちも楽しみにしている給食がいよいよはじまります。給食室では成長に必要な栄養素をしっかり考えながら献立を考えていきます。

知っておきたい栄養素

体の発育が著しい幼児期に、特に必要な栄養素の種類と働きを紹介します。

エネルギーの素となる栄養素（三大栄養素）
・たんぱく質　体を作り、体の機能を守る。免疫力を上げる。
・脂肪　ホルモンや細胞膜などの成分となる。体温を維持して、内臓を衝撃から守る。
・炭水化物　糖質と食物繊維から成る。糖質は即効性があり、生命活動を支えるエネルギー源。食物繊維は腸内環境を整える。

体の調子を整える栄養素
・ビタミン　代謝を促し、体の活動を正常に保つ。
・ミネラル　骨やホルモンなどの構成成分となり、神経、筋肉の働きなどを調整する。

お当番のおやくそく
・ツメはきれいに切ってください。
・髪の長いお子さんは結んできてください。
・風邪気味のお子さんは担任までお知らせください。
ご協力をお願いします。

ひよこ組さんへ

お願い
エプロン・口ふきタオル（２枚）は、名前を書いてロッカーの上に置いてください。

おうちのかたからよく聞く質問
Q. 最近、スプーンを持ちたがるのですが、どのようなものを選べばよいでしょうか。
A. 年齢や成長に合ったものを選びましょう。

乳児が使いやすいスプーンの選び方
１歳を過ぎた頃から、子どもはスプーンに興味をもち始めます。選ぶときのポイントは、口に入れるだ円形の部分が、子どもの口の１／３～２／３の大きさであること。柄の部分は、長すぎず、子どもがギュッと握って使える形の物を。初めは柄の部分に少しカーブがついた物が食べやすいでしょう。１歳で上から持つ「上握り」、１歳半を過ぎた頃から「鉛筆握り」へと変わっていきます。年齢や成長に合わせて、使いやすいスプーンを選びましょう。

朝ごはんをきちんと食べましょう

朝ごはんを食べて元気な1日
「目覚ましごはん」という言葉を知っていますか？朝ごはんを食べると、頭と体、そして腸にも目覚めのスイッチが入るのです。温かいみそ汁の香りや目玉焼き、サラダの色は、「おいしそう」と五感を働かせて脳を刺激します。パンやごはんは集中力や記憶力を高め、おかずとなる卵、肉、大豆製品は、体温と活力を高めて快便を促します。そしてなにより、家族といっしょに食べることが大切。朝の家族の笑顔が、一番の栄養になるのです。元気もりもりになる朝ごはん、みんなで続けていきましょう。

「早く食べなさい」と言っていませんか?
子どもにとっては「自分で食べる」のがなにより大切で楽しいこと。まだ食べ方の練習段階なので、こぼしたり時間がかかったりするのは当然です。おいしく食べるための助言や援助は必要ですが、「早く食べなさい」という指示や命令は、子どもの力にはなりません。子どもは言われたことに応えようとするため、結果的にかまずにまる飲みしたり、よく味わわないまま食べ終えたりしてしまうこともあります。自分のペースで食べられるように見守ってあげましょう。

P022_01

P022_02

●春の暖かな日差しの中、新年度がスタートしました。今年も1年間、楽しい昼食やおやつの時間となるよう、いろいろな食育計画を立てています。楽しみにしていてください。

P022_03

P022_04

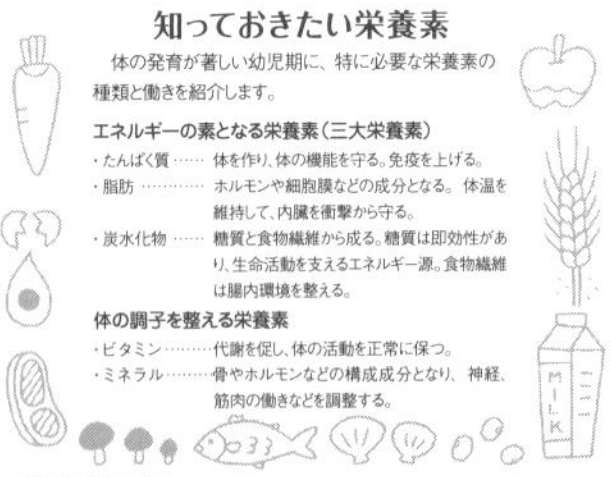

P022_05 ※文章のみ使用しています

P022_06

P022_07

P022_08

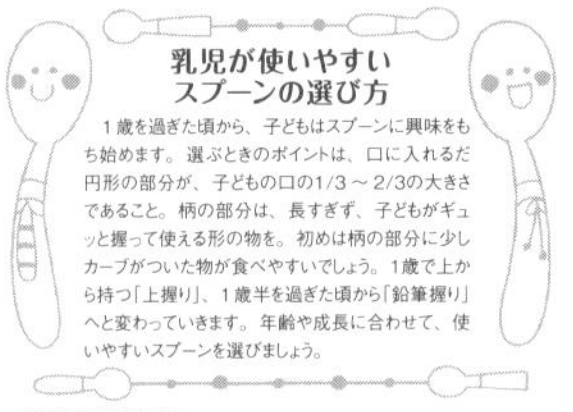

P022_09 ※文章のみ使用しています

P022_10

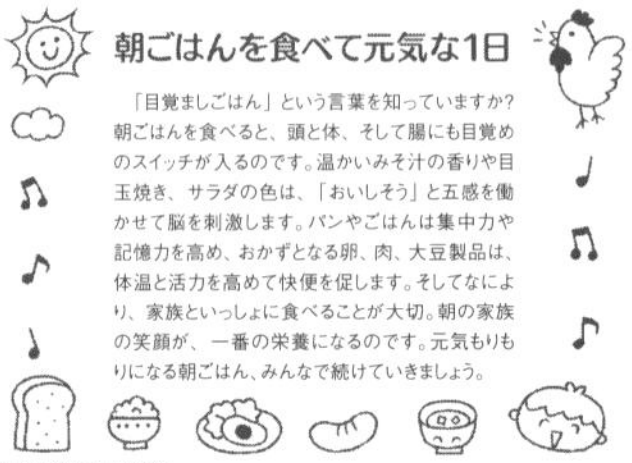

P022_11

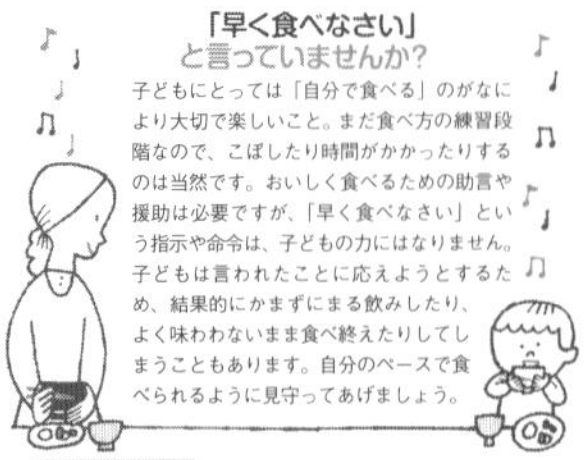

P022_12

食育だより②

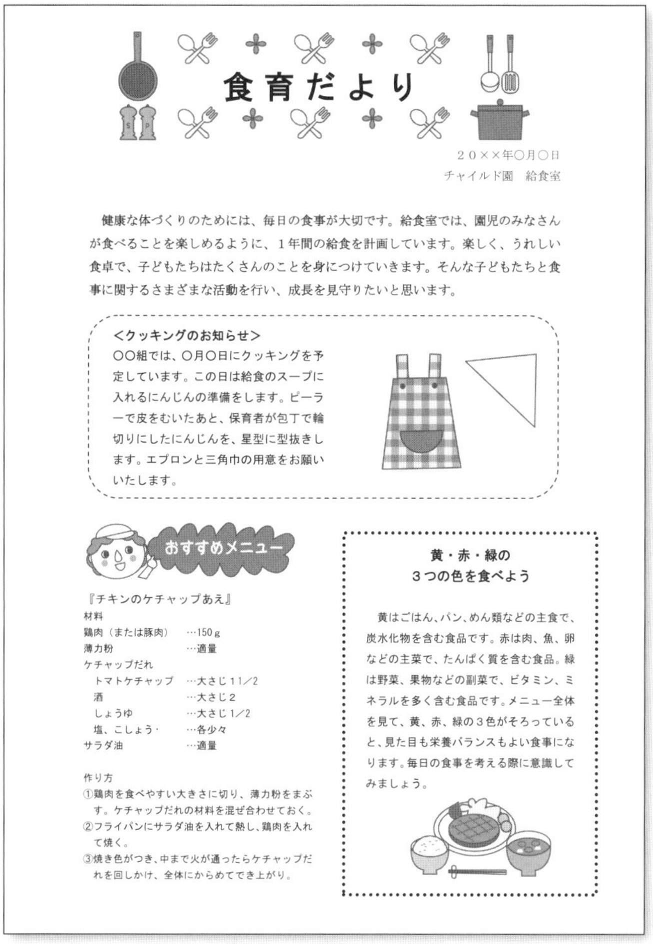

食育だより

20××年○月○日
チャイルド園　給食室

健康な体づくりのためには、毎日の食事が大切です。給食室では、園児のみなさんが食べることを楽しめるように、1年間の給食を計画しています。楽しく、うれしい食卓で、子どもたちはたくさんのことを身につけていきます。そんな子どもたちと食事に関するさまざまな活動を行い、成長を見守りたいと思います。

<クッキングのお知らせ>
○○組では、○月○日にクッキングを予定しています。この日は給食のスープに入れるにんじんの準備をします。ピーラーで皮をむいたあと、保育者が包丁で輪切りにしたにんじんを、星型に型抜きします。エプロンと三角巾の用意をお願いいたします。

おすすめメニュー

『チキンのケチャップあえ』
材料
鶏肉（または豚肉）　…150ｇ
薄力粉　…適量
ケチャップだれ
　トマトケチャップ　…大さじ1 1／2
　酒　…大さじ2
　しょうゆ　…大さじ1／2
　塩、こしょう・　…各少々
サラダ油　…適量

作り方
①鶏肉を食べやすい大きさに切り、薄力粉をまぶす。ケチャップだれの材料を混ぜ合わせておく。
②フライパンにサラダ油を入れて熱し、鶏肉を入れて焼く。
③焼き色がつき、中まで火が通ったらケチャップだれを回しかけ、全体にからめてでき上がり。

黄・赤・緑の
3つの色を食べよう

黄はごはん、パン、めん類などの主食で、炭水化物を含む食品です。赤は肉、魚、卵などの主菜で、たんぱく質を含む食品。緑は野菜、果物などの副菜で、ビタミン、ミネラルを多く含む食品です。メニュー全体を見て、黄、赤、緑の3色がそろっていると、見た目も栄養バランスもよい食事になります。毎日の食事を考える際に意識してみましょう。

P023_01

P023_02

P023_03

P023_04

P023_05

保健だより

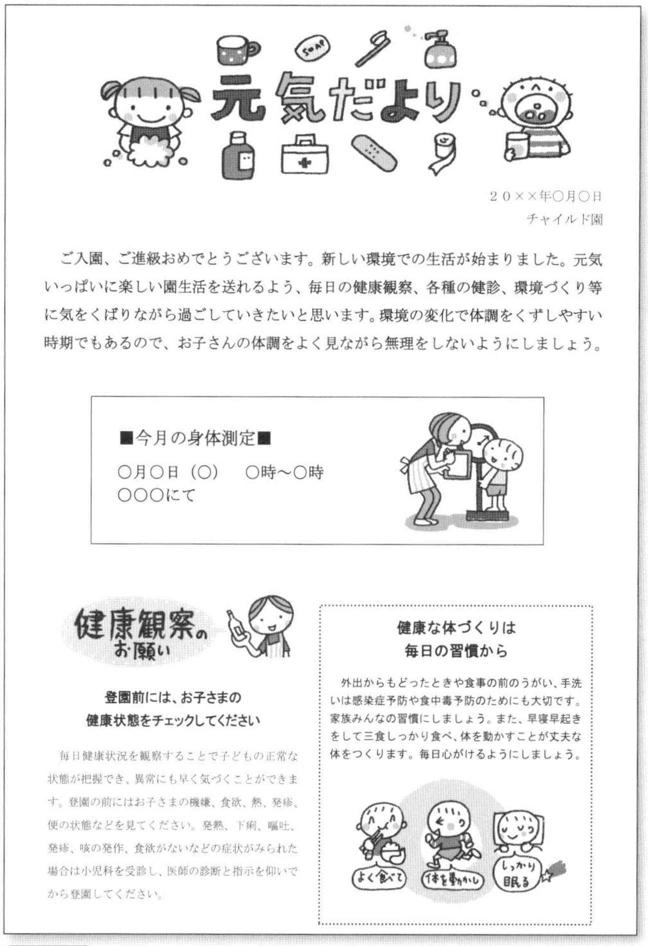

元気だより

20××年○月○日
チャイルド園

ご入園、ご進級おめでとうございます。新しい環境での生活が始まりました。元気いっぱいに楽しい園生活を送れるよう、毎日の健康観察、各種の健診、環境づくり等に気をくばりながら過ごしていきたいと思います。環境の変化で体調をくずしやすい時期でもあるので、お子さんの体調をよく見ながら無理をしないようにしましょう。

■今月の身体測定■
○月○日（○）　○時～○時
○○○にて

健康観察のお願い

登園前には、お子さまの
健康状態をチェックしてください

毎日健康状況を観察することで子どもの正常な状態が把握でき、異常にも早く気づくことができます。登園の前にはお子さまの機嫌、食欲、熱、発疹、便の状態などを見てください。発熱、下痢、嘔吐、発疹、咳の発作、食欲がないなどの症状がみられた場合は小児科を受診し、医師の診断と指示を仰いでから登園してください。

健康な体づくりは
毎日の習慣から

外出からもどったときや食事の前のうがい、手洗いは感染症予防や食中毒予防のためにも大切です。家族みんなの習慣にしましょう。また、早寝早起きをして三食しっかり食べ、体を動かすことが丈夫な体をつくります。毎日心がけるようにしましょう。

よく食べて
体を動かし
しっかり眠る

P023_06

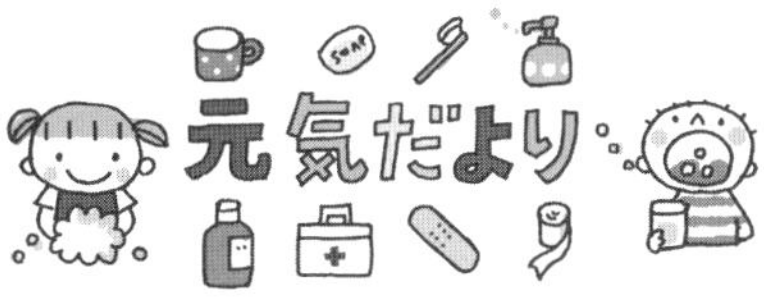

P023_07

P023_08

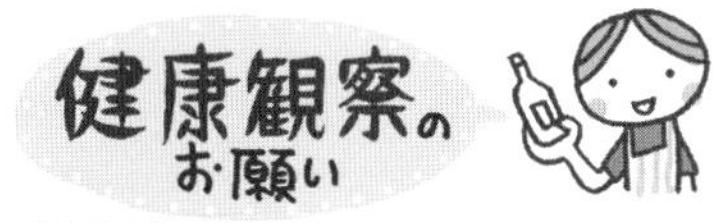

P023_09

P023_10

保健行事のお知らせ①

２０××年○月○日
チャイルド園

健康診断（内科健診）を行います。毎日の園生活が元気で健康に過ごせるように、心身の発育や成長などを園医の○○先生にみていただきます。

当日、受診できなかった場合は、園指定の受診票を持って個別に医療機関（園医）を受診してください。よろしくお願いいたします。

◆ 内科健診
日時：○月○日（○）　○時～○時　○○室にて

★時間に遅れないように登園しましょう。
★前日はお風呂に入って体を清潔にし、当日の朝は歯みがきをしましょう。
★当日は脱いだり着たりがしやすい服装でお願いいたします。脱いだ衣服が迷子にならないよう、衣服への記名もお願いいたします。
★園医の先生に聞きたいことがある場合は、事前に担任までお知らせください。
★診断の結果は、各ご家庭にお知らせいたします。治療が必要な場合は、個別に受診して治療していただきますようお願いいたします。

P024_01

P024_02

P024_03

保健行事のお知らせ②

歯科検診のお知らせ

２０××年○月○日
チャイルド園

歯科検診を行います。虫歯がないか、お口の中の健康チェックを園医の○○先生にしていただきます。当日の朝は歯みがきを忘れずにお願いいたします。

歯科検診
日時：○月○日（○）　○時～○時　保健室にて

★時間に遅れないように登園しましょう。
★当日の朝は歯みがきをしましょう。
★診断の結果は、各ご家庭にお知らせいたします。治療が必要な場合は、早めにかかりつけの歯科医院にて受診し、治療しましょう。

P024_04

P024_05

P024_06

プール開きのお知らせ

プール遊びが始まります

２０××年○月○日
チャイルド園

○月○日はプール開きです。子どもたちが楽しみにしている水遊びが、楽しく安全にできるように、プールに入るときの約束などをお知らせします。
子どもたちにも約束について話しましたが、ご家庭でもご確認をお願いいたします。

家庭では以下のことにご協力お願いします

1．朝食を食べる
2．すっきり排便をする
3．よく眠る
4．爪を切り、髪の毛も短めにする
5．毎日お風呂に入る

<こんな場合はプールに入れないこともあります>

○かぜ薬を飲んでいるなど、治療中の疾患がある。（医師からプール遊びを止められている）
○朝の検温で 37.5 度以上の発熱がある。
○鼻水、せき、下痢、軟便などのかぜ症状がある。
○いつもと違って食欲がなく、元気がない。
○前日、発熱や嘔吐・下痢などの症状があった。
○結膜炎、中耳炎、鼻炎、とびひ（皮膚炎）など目、耳、鼻、皮膚の疾患がある。

P025_01

P025_02

P025_03

P025_04

感染症のお知らせ

インフルエンザのお子さんが出ています

２０××年○月○日
チャイルド園

<インフルエンザとは>

インフルエンザウイルスによる流行性感冒で、潜伏期間は２～３日間です。ただのかぜと違い、高熱とともに関節痛、せき、鼻水、のどの痛み、腹痛、下痢、嘔吐などの症状があらわれることがあります。

<治療>

早めに抗ウイルス剤を服用しましょう。解熱剤の使用は医師の指示に従いましょう。

<家庭でのケア>

○温かくして休ませ、水分補給をしっかり行いましょう。
○室内が乾燥しすぎないように、適度な湿度を保ちましょう。
○入浴はひかえましょう。
○高熱でぐったりしているときは、氷枕や冷却シートなどで冷やしましょう。
○栄養バランスがよく、食べやすい食事を用意しましょう。

<登園>

発症後５日経過し、かつ解熱後３日を経過したら登園しましょう。
（解熱を確認した日をゼロとし、翌日を１日目として数えます。）
＊医師の意見書が必要です。

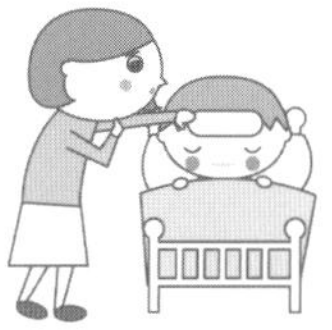

P025_05

P025_06

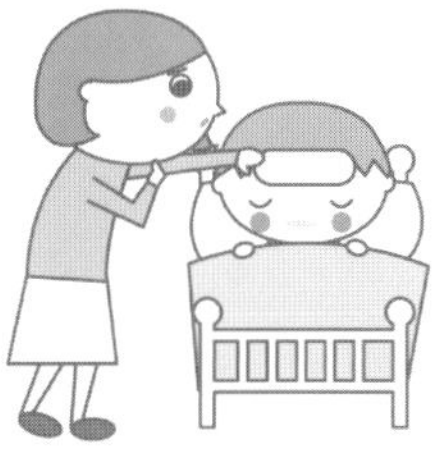

P025_07

防災行事のお知らせ

避難訓練について

２０××年○月○日
チャイルド園

いつ起こるかわからない災害から子どもたちを守るため、園では毎月１回、避難訓練を実施しています。地震や火災が発生したとき、どうやって自分の身を守るのかを経験しておくことが、いざというときに役立ちます。保護者の方が迎えに来る時間帯に行うこともあります。また、○月には引き取り訓練も予定していますので、ご協力をお願いいたします。

＜避難訓練のねらい＞

○命の大切さを確認し、訓練の大切さを理解する。
○地震、火災などの意味を理解する。
○非常ベルなど非常時の合図を聞き、その意味を知る。
○保育者の指示に従い、非常時にどう行動すればよいかを知る。
○「お・か・し・も」の約束の意味を知る。
○保育者の消火訓練を見学する。

P026_01

P026_02

P026_03

交通安全行事のお知らせ

交通安全教室があります

２０××年○月○日
チャイルド園

交通安全週間が始まります。子どもたちを交通事故から守るため、警察署の方にご協力をいただき、交通安全教室を実施します。

道路の歩き方、横断歩道の渡り方、交通ルールなどについてわかりやすく教えてもらいます。保護者の方もふるってご参加ください。

○月○日（○）　○時～○時　　○○にて

＜内容＞
○交通安全の紙芝居を見ます。
○警察署の方からお話を聞きます。
○園児全員が横断歩道の渡り方を順番に練習します。

P026_04

P026_05

P026_06

PART 1

食育

おたより文例&イラスト

4月の食育

主食・主菜・副菜の力

主食・主菜・副菜がそろった食事は、自然といろいろな食品が組み合わさって、栄養バランスがとれているものです。主食のごはんやパン、麺類などの炭水化物は、脳が必要とするエネルギーです。魚や肉、卵、大豆を使った主菜は、子どもの発育に不可欠なたんぱく質。野菜やいも、きのこ、海藻を使った副菜は、微量でも重要な役割をするビタミンやミネラル、食物繊維などを体に供給してくれます。どれかが欠けると、せっかくとった栄養素が十分生かされないこともありますので、「主食・主菜・副菜」を献立の「単位」として、毎日の食事作りを考えてみましょう。

P028_01

食事の適量って?

「食べる量が多いか、少ないか」。幼児期にはたいへん気になる問題です。少食だと子どもの発育に影響するのでは？　と心配になるものです。しかし基本的に、子どもが元気よく育っていれば、それが適量と判断してよいでしょう。子どもは食欲にむらや偏食があって当然です。きのうときょうで比較するのではなく、数日から1週間単位で、長期的にみていきましょう。

P028_02

上手な献立を作って ワンパターン&偏りを解消

まず、季節を味わうために、旬の食材を中心にします。調理法だけでも煮る、焼く、揚げる、蒸すなどさまざまなアレンジがあり、さらに和風、中華風、洋風と、味付けもそれぞれ。この「食材」「調理法」「味付け」の組み合わせが献立を作り出します。バランスのよい食事のためには、1週間にどれもが入っていることを目標にするとよいでしょう。旬の時期は、同じ食材を使うことが多くなりますが、調理法と味付けが違えば、豊かで楽しい食事になります。

P028_03

おいしい春の味、旬のたけのこ

シャキシャキと独特の歯ごたえをもったたけのこは春が旬の野菜です。不溶性の食物繊維を含んでいるので、便通に効果的なうえ、腸内の環境も整えてくれます。旬の時期の掘りたての物は、えぐみが少なく、生のまま食べられます。時間がたつほど、えぐみ成分であるホモゲンチジン酸が増えるため、店頭に並んでいる物は、米ぬかを入れてゆでて、十分に水にさらすことであくがとれておいしくなります。和え物や炒め物、煮物などにして旬の味をいただきましょう。

P028_04

旬のアスパラガスで新陳代謝アップ

アスパラガスには、日光に当てて育てるグリーンアスパラガスと、日光に当てずに育てるホワイトアスパラガスがあります。栽培方法が違うだけで品種は同じ。どちらにも含まれているアスパラギン酸というアミノ酸は、新陳代謝をよくして疲労回復を促します。また、グリーンアスパラガスの方が、カロテンやビタミンB群、C、Eが多く含まれているので、栄養的には優れているといえるでしょう。ゆでずに焼く、炒める、揚げるなどの調理法は、栄養素が逃げないのでおすすめです。サラダはもちろん、肉巻きやグラタン、シチューなど、子どもが好きなメニューで大活躍です。

P028_05

アレルギーや花粉症予防に春野菜

春野菜といえば、新キャベツ、グリーンアスパラ、なのはな、スナップえんどう、たけのこ、あしたば、せり、ふき、うどなど。鮮やかな緑色をしていたり、芽吹きの独特な香りがしたりなど、春の訪れを感じさせる物ばかりです。緑色が濃い物は、ビタミンC、β-カロテンなどが豊富。せりやうどのように、独特の苦みや香りがある物は、強い抗酸化力のあるポリフェノール類を含みます。これらは、免疫力をアップさせて、アレルギーや花粉症の予防にもおすすめです。旬の時期に旬の野菜を食べることで、自然と健康な体が作られるのです。

P028_06

<書き出し文例>

●ご入園、ご進級おめでとうございます。新しい環境での生活が始まりました。毎日元気に遊んでほしいと思います。その第一歩は朝ごはん。朝ごはんをしっかり食べて１日をスタートさせましょう。

P029_01

●春の暖かな日ざしの中、新年度がスタートしました。今年も１年間、楽しい昼食やおやつの時間となるよう、いろいろな食育計画を立てています。楽しみにしていてください。

P029_02

P029_03

P029_04

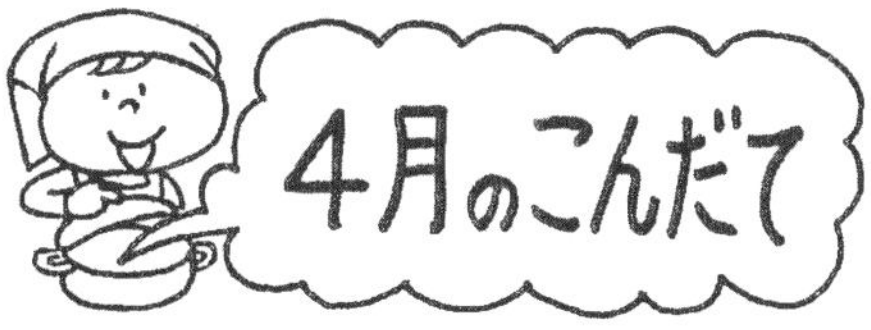

P029_05

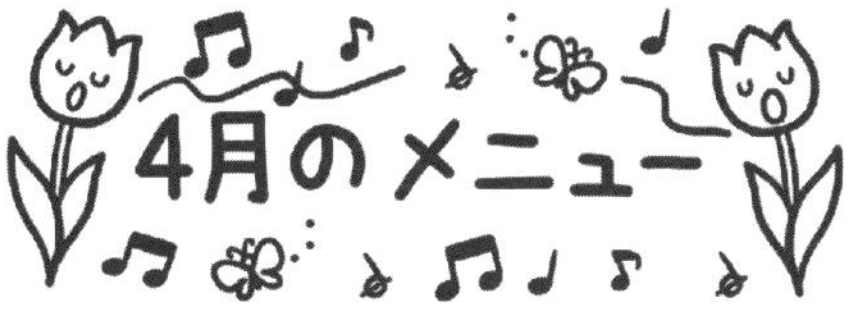

P029_06

P029_07

P029_08

P029_12

P029_09

P029_10

P029_11

P029_13

P029_14

P029_15

5月の食育

食べごよみ

端午の節句

端午の節句は中国伝来の風習です。5月（旧暦の6月）は急に暑くなり、体調を崩す人が増える時期。そこでこの日に、健康を祈願していたのです。

端午の節句の食べ物には、ちまきやかしわもちがあります。ちまきを食べるのは中国由来の風習ですが、かしわもちは日本独自の風習です。かしわは縁起物で、新芽が出るまで古い葉が落ちないことから「家系が絶えない」といわれています。

P030_01

食べごよみ

八十八夜

八十八夜は、立春から数えて88日目で、毎年5月2日頃のこと。茶農家がお茶の木の新芽（一番軟らかい葉）を摘む時期です。八十八夜に摘み取られた葉で作られた新茶は、昔から不老長寿の縁起物とされてきました。お茶は、血中のコレステロールを低下させるカテキンなど、多くの有用な成分で知られていますが、カフェインも含まれているので、子どもはとり過ぎないようにしましょう。

P030_02

おいしく食べよう グリーンピースは今が旬！

子どもが嫌がりがちなグリーンピースですが、含まれる栄養素は、たんぱく質、ビタミンB群、C、β-カロテン、そして多くの食物繊維です。これらは免疫力を高め、新陳代謝を円滑にし、かぜ予防、便秘改善に役立ちます。一年中出回る缶詰の物は、処理の段階でビタミンが損失してしまっていますが、今の季節には、さや付きの新鮮な生の豆がおいしく食べられます。お米といっしょに炊く豆ごはんや、ポタージュ、天ぷら、バター炒めなど、いろいろな調理法で味わいましょう。

P030_03

お弁当が始まります

「お弁当なにかなー。サンドイッチかな、おにぎりかな」。愛情いっぱいのお弁当。お弁当箱を開けるとき、子どもたちは本当にうれしそうです。初めは少ないぐらいの量でよいでしょう。好きな物や食べやすい物で結構です。まずは全部食べられたという満足感を味わえるようにしたいと思います。箸が上手に使えない場合、スプーンやフォークを持たせていただいてもかまいません。だんだん使えるようになるとよいですね。

P030_04

お弁当が始まりました！

量の目安と栄養面

お弁当が始まりました。まずは量に注意してみましょう。幼児が昼食で必要なエネルギーは500kcal。お弁当箱の大きさの目安は約500mlと考えます。バランスは、ごはん：主菜：副菜＝3：1：2が理想。最初にごはんを容器の半分に詰め、残り半分のうち1/3は肉、魚、卵など、2/3を野菜や海藻、果物にしましょう。

P030_05

食器選びで大切なこと

料理と器で季節を味わい楽しむ、という日本の食事の基礎は、小さい頃からしっかりと身につけたいもの。乳幼児期から陶器や磁器、竹や木製などの本物の器を使って食事をすると、感性が磨かれて「食」のスタイルが確立しやすくなります。「幼いから」と割れない素材やキャラクターの物を選びがちですが、主役は料理です。その美しさ、おいしさを引き立ててくれる食器を選びましょう。また、軽い物は少しの力で動いてしまうので、一定の重量感がある物の方がていねいな扱いができ、食べるのにも適しています。

P030_06

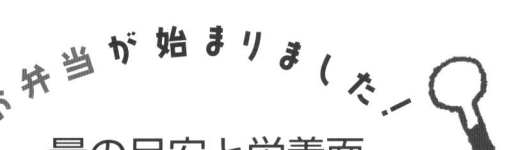

＜書き出し文例＞

●新年度がスタートして１か月。新しい生活に慣れてきたことと思います。今月はこどもの日の行事食として、かしわもちをいただきます。おうちでも話題にしていただき、子どもたちの成長を共にお祝いしましょう。

P031_01

●新緑が鮮やかな季節になりました。進級児たちは食べる量もおかわりの量も増え、体も大きくなったように感じます。新入園児たちも園生活にだいぶ慣れ、笑顔で昼食を食べています。

P031_02

P031_03

P031_04

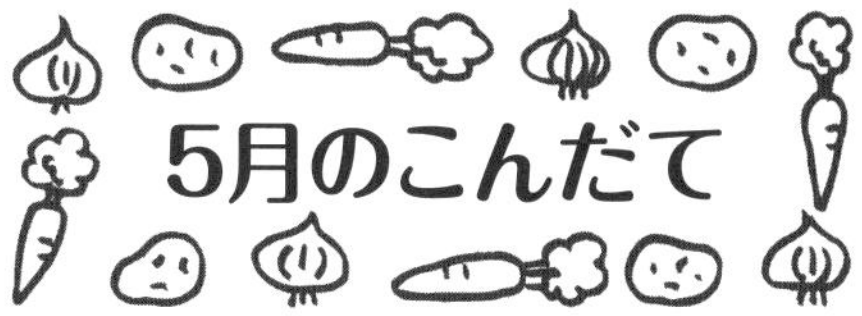

P031_05

P031_06

P031_07

P031_08

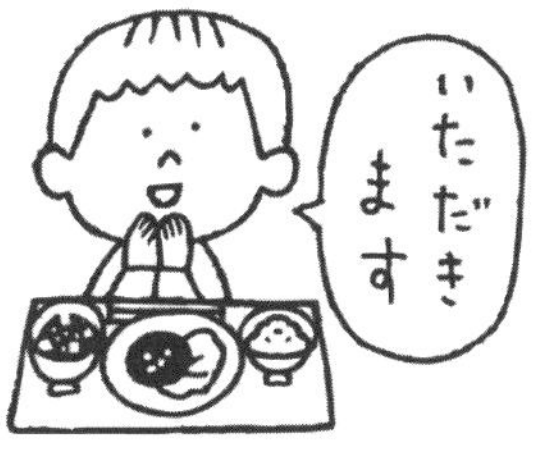

P031_09

P031_10

P031_11

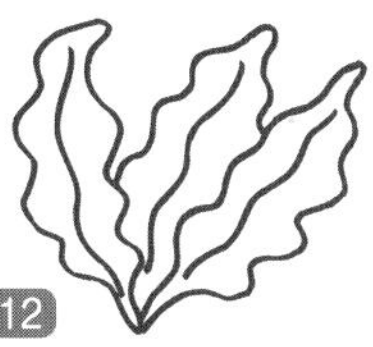

P031_12

P031_13

P031_14

P031_15

P031_17

P031_16

6月の食育

食べごよみ

6月は食育月間です

「食育月間」は、豊かな人間性を育み、生きる力を身につけることを目標に設けられました。「朝ごはんは元気のもと」「食べ物が食卓に届くまで」を知り、「ごはんを作ってみよう」「いただきますで楽しい食卓」を実践してみましょう。また食に関わる絵本を読んだり、親子で料理を楽しんだりと、6月にはぜひご家庭でも、食に関心をもつための取り組みをしてみてはいかがでしょうか。

P032_01

細心の注意を！梅雨どきのお弁当作り

食べ物が傷みやすくなるこの時期。お弁当作りの衛生管理には、特に気をつけましょう。注意点としては、食材には必ず火を通し、水分や汁気のあるおかずは避けること。おかずの仕切りは、レタスなどではなく、アルミや紙のケースで、少し冷ましてから詰めるようにします。急ぐときは、冷却剤やうちわを使って冷ますと効果的。また、ごはんの上に、梅干しやゆかり(しそ)を載せると、食中毒を予防する効果があります。こうした点に注意して、梅雨どきでも安心なお弁当を作りましょう。

P032_02

旬のかつおは子どもの成長に必要な栄養が豊富！

かつおには初がつおの初夏、戻りがつおの秋と、旬が2度あります。今が旬の初がつおは脂肪も比較的少なく、さっぱりとしているので、子どもにも食べやすいでしょう。また、鉄分が豊富で、たんぱく質、脂肪の代謝に働くナイアシン、体の組織を作る働きをするビタミンB_6、造血に必要なビタミンB_{12}など、子どもの成長に不可欠な栄養もたっぷり！　おいしい旬の魚を食卓に並べてみてください。

P032_03

これからが旬 オクラパワー

オクラのねばねばには、便秘の予防・改善に効果があるペクチンや、たんぱく質の吸収を助けるムチンが豊富です。また、β-カロテン、ビタミンC、食物繊維、カリウム、カルシウムなども含まれています。断面が星形なのがユニークで、子どもたちにも人気です。

P032_04

食べごよみ

入梅いわし

入梅いわしとは、関東地方で梅雨のころに漁獲される脂が乗ったまいわしのことです。いわしは一年中日本の沿岸を回遊し、春から夏にかけて北上、秋から冬には南下します。いわしには、歯や骨の素となるカルシウムや、そのカルシウムの吸収を助けるビタミンDが含まれているため、成長期の子どもにおすすめです。

P032_05

食べる量が気になったら

食べる量には個人差がありますが、十分な栄養を摂取できるよう、気をつけたいもの。子どもの食の細さが気になる場合は、おなかがすくことを実感させるのが一番です。食事とおやつの時間をしっかり空け、体を動かして遊ぶ工夫を。無理に食べさせるのではなく、「食べたい」という気持ちになることが大切です。おやつは、スナック菓子ではなく、おにぎりやふかしいもなどの炭水化物か果物がおすすめです。逆に、食べすぎが気になる場合は、おかわりは2杯までに。食材を大きく切ったり、硬めにゆでたりすると、かむ回数が増えて、満腹感が得られるようになります。

P032_06

＜書き出し文例＞

●雨の季節になりました。気温と湿度が上がり、食欲もダウンしやすくなります。のどが渇いたときだけでなく、こまめに水分補給をし、バランスのよい食事で体力を維持しましょう。

P033_01

●蒸し暑い日が増えてきました。この季節は食中毒の原因となる細菌が繁殖しやすい時期です。手洗いをしっかり行い、食品の取り扱いにも十分気をつけて元気に過ごしましょう。

P033_02

P033_03

P033_04

P033_05

P033_06

P033_07

P033_08

P033_09

P033_10

P033_11

P033_12

P033_13

P033_14

7月の食育

七夕そうめん

平安時代、「七夕にそうめんを食べると大病にかからない」として、7月7日にそうめんを食べる風習が宮中に広まり、次第に一般にも普及したと伝えられています。また、真夏に弱った体をいたわるために、消化のよいそうめんを食べる習慣が生まれ、お中元にそうめんを贈るようになった、という説もあります。そうめんを食べるときは、麺だけではなく、卵や鶏肉、野菜をトッピングして栄養を補いましょう。夏バテ解消にぴったりです。

P034_01

食べごよみ

半《はん》夏生《げしょう》にたこを食べよう

半夏生とは、夏至から数えて 11 日目にあたる、7 月 2 日頃のこと。この日は関西地方を中心に、たこを食べる習慣があります。由来は、稲がたこの足のように大地に根づくよう祈願したなど諸説ありますが、梅雨で体調を崩しやすい時期に疲れを癒やし、栄養補給をする意味があったと考えられています。栄養学的にも、たこは疲労回復効果の高いタウリンが豊富なのです。

P034_02

食べごよみ

土用の丑《うし》の日に「うなぎ」を食べる訳

「丑の日に『う』のつく物を食べると夏負けしないという民間伝承をヒントに江戸時代のうなぎやさんが始めた」「『うし』の２文字が２匹のうなぎの姿に見えるから」など由来は諸説ありますが、夏にうなぎを食べるのは、理にかなったことです。うなぎには夏バテや食欲減退の防止に効果的なビタミンＢ群が豊富なのです。食べ物を上手に摂取して健康に過ごす、先人の知恵には学ぶことが多くあります。

P034_03

ビタミンとリコピンで医者いらず！ 夏のトマト

「トマトが赤くなると医者が青くなる」といわれるほど、6〜9月のトマトには栄養がいっぱい含まれています。ビタミンAとCが豊富なうえ、トマト特有の成分であるリコピンには強い抗酸化作用があり、子どもを病気から守ってくれます。うま味成分であるグルタミン酸を含んでいるので、生食以外にも魚や肉などといっしょに煮込むと、甘みやおいしさが増します。子どもの好きな料理にして、おいしく食べましょう。

P034_04

うまみが増して調理法も多彩 夏においしいあじ

成長を促進するビタミンB_2と、カルシウムの吸収を促進するビタミンDの成分を含んでいるあじ。特に、夏場のあじは、アミノ酸が豊富になり、うまみが増すので、塩焼きや煮物、刺身、揚げ物、南蛮漬けなどの多彩な調理法でおいしく食べられます。抗酸化成分が豊富なしょうがやねぎ、しそ、みょうが、にんにく、たまねぎなどといっしょに食べると、魚の酸化を防ぎ、栄養素も逃しません。旬のこの時期に、格別な味を楽しみましょう。

P034_05

缶ジュースなどの甘いドリンクを飲みすぎていませんか

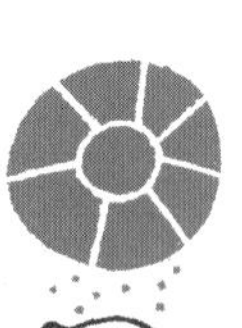

子どもが１日に摂取してよい砂糖の量は 15g。ところが、果汁入りの清涼飲料（500ml）には約 70g、乳酸菌飲料（65ml）には約 12g もの砂糖が含まれています。砂糖をとり過ぎると、虫歯になりやすくなるだけでなく、大量の砂糖をとったあとの低血糖により、イライラしやすくなるなどの弊害も……。甘い飲料を飲むことを、習慣づけないようにしましょう。

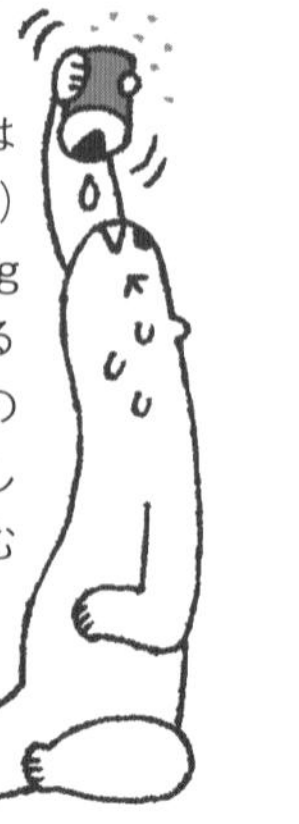

P034_06

<書き出し文例>

●梅雨の合間のまぶしい日ざしに夏を感じるこのごろです。急に暑くなるので、体調を崩しがちになります。食事はしっかりとり、水分補給もこまめにしましょう。

P035_01

●春からプランターで育てていたミニトマトときゅうりを収穫し、サラダを作りました。野菜が苦手な子どもも、喜んで食べていました。自分たちで世話をした野菜の味は格別だったようです。

P035_02

P035_03

P035_04

P035_05

P035_06

P035_07

P035_08

P035_09

P035_10

P035_11

P035_12

P035_13

P035_14

P035_15

P035_16

食育

健康

安全

8月の食育

夏バテ気味のときの、調理の工夫

夏バテ気味のときは、胃腸の代謝を整える必要があります。脂っこい物は消化吸収に時間がかかります。また、食べ過ぎは体に熱がこもるので気をつけましょう。体を適度に冷やして水分補給ができる旬の野菜（トマト、きゅうり、なす、新ごぼう、レタス、冬瓜など）や、胃腸の機能を高めるしそやオクラを、消化のよい麺類と組み合わせ、梅干しを加えたりすると、食欲を増進できます。納豆と野菜、豚肉、卵をキムチだれで調理した"スタミナそば"などもおすすめです。

P036_01

食べごよみ

お盆は夏野菜で精進《しょうじん》料理《りょうり》

仏教僧は殺生が禁じられていたため、肉類・魚介類を使わず、野菜や豆類を工夫して調理してきました。こうして発展したのが、精進料理。食材の味を生かすために調味料を控えたり、食材を余すところなく使い切ってむだを出さないようにしたりするのが特徴です。お盆には、きゅうりの酢の物やかぼちゃの煮付けなど、旬の野菜を生かした精進料理で、子どもたちといっしょに、仏様の供養をしましょう。

P036_02

鮮度がポイント 栄養豊富なとうもろこし

主成分はでんぷんですが、たんぱく質、脂質、糖質をバランスよく含み、さらに、ビタミンB_1、E、食物繊維が豊富です。日本では野菜感覚で食されていますが、南米では、主食になる貴重な穀物として食べられている、栄養豊富な食材です。収穫されたとうもろこしは、すぐに鮮度が落ちてしまうので、購入したら早めに食べるのがおすすめです。ゆでる、焼く、蒸す、炒める、スープに活用するなど、一番おいしいこの時期に、いろいろな調理法で楽しみましょう。

P036_03

夏野菜で 体の中から涼しく！

きゅうりやトマト、冬瓜など、夏野菜は水分をたっぷり含んでいるので汗で奪われた水分を補給したり、涼しく過ごせるように体を冷やしたりする作用があります。また、利尿作用のあるカリウムも豊富。暑さでとり過ぎてしまった水分を、しっかり排出して、体内の水分量を調節してくれます。夏野菜を食べて、元気に夏を乗り切りましょう。

P036_04

ゴーヤパワーで夏を乗り切ろう

沖縄の特産品として有名なゴーヤ。最近では、全国的によく見られるようになりました。ビタミンCが豊富なうえ、独特の苦味はポリフェノールの一種で強い抗酸化力があり、夏バテ予防に効果的です。子どもが嫌がるこの苦味は、中のわたをしっかり除き、薄く切ってから塩もみして水にさらしたり、ゆでたりすることで緩和されます。また、油との相性がよいので、油を使った料理にしても苦味を抑えることができます。おいしく食べて暑さを乗り切りましょう。

P036_05

暑い時期は ビタミンB_1で夏バテ防止

暑いからといって冷たいジュースやアイスでおなかを満たすと十分な栄養がとれず、子どもでも夏バテすることがあります。特に不足しやすいのがビタミンB_1。汗をかくことでさらに失われてしまいます。昔から夏バテに効く食べ物として知られるうなぎにはビタミンB_1がたっぷり。ほかには豚肉、しじみ、納豆、ごまなどにも多く含まれています。上手に取り入れて、夏バテを予防しましょう。

P036_06

＜書き出し文例＞

●厳しい暑さが続いていますが、子どもたちはプール遊びや虫取りなどで元気に遊んでいます。日陰での水分補給は、子どもも保育者もホッとひと息です。夏バテしないように、朝食は必ずとって登園しましょう。

P037_01

●夏本番、園庭のひまわりもきれいに咲きそろいました。オクラやとうもろこしなど栄養いっぱいの夏野菜を上手に取り入れて、暑い季節の食卓をきれいに彩りましょう。

P037_02

P037_03

P037_04

P037_05

P037_06

P037_07

P037_08

P037_09

P037_10

P037_11

P037_12

P037_13

P037_14

9月の食育

食材を五感で感じよう

秋といえば「食欲の秋」。ぜひ親子でいっしょに食材に触れる機会を作りましょう。例えば、泥がついたじゃがいも。洗う前、表面はぼこぼこに感じます。しかし、皮をむくと、つるっとした手触りになり、白いでんぷんが出てきます。鍋に入れて煮ると、よい香りがして、ほっくりとした食感に大変身。このように、たった１つの食材でも、子どもたちは実際に体感することで、食への興味が深まり、食べ物がよりおいしく感じられることでしょう。家庭でも、いろいろな食材に触れ、五感で感じる体験をしてみましょう。

P038_01

食べごよみ

秋のお彼岸　おはぎ

秋の彼岸とは、秋分の日を挟んで、前後３日間の計７日間のこと。山の神に農作物の収穫を感謝して、おはぎを作り、食べるようになったといわれています。また、秋の彼岸に食べるおはぎと、春の彼岸に食べるぼたもちは基本的に同じ物ですが、おはぎは萩の季節の秋、ぼたもちは牡丹の季節の春と、呼び方が使い分けられているのです。

P038_02

食べごよみ

お月見

お月見とは、月の満ち欠けが農作業の大きな指標になっていたことから、月への感謝と豊作の祈願をしたものです。平安時代に、「中秋の名月」を祝う習慣として一般的になりました。だんごやさといもなど月に見立てた丸い物と、葉先のとんがりに邪気《じゃき》をはらう力があるとされているススキや秋の七草をお供えします。ご家庭でも丸い物を食卓に並べて、お月見気分を味わってみましょう。

P038_03

骨を強くして貧血防止にも 今がおいしい！ 秋のさけ

世界中で親しまれているさけ。赤身魚と勘違いされがちですが、実は白身魚の仲間で、赤い色素には抗酸化作用があります。記憶力や学習能力向上など、成長期の子どもの脳の発達にとても大切な栄養成分DHAやEPAが豊富なうえ、ビタミンD・B群（B_1・B_2・B_6・B_{12}）も多く含むので、骨を強くし、肌荒れや貧血を予防します。ホイルで包んだ蒸し焼きや、ムニエル、揚げ物、シチュー、粕汁など、栄養素を逃さない料理法がおすすめです。

P038_04

きのこがおいしい季節

秋のおいしい味覚、きのこ。店頭にはいろいろな種類が並んでいますが、きのこ類に共通していえるのは、食物繊維が豊富で低カロリーということ。子どもの便秘改善にも効果があります。さらに、カルシウムの吸収に不可欠なビタミンDと、脂肪燃焼に不可欠なビタミンB_2を同時に含みます。きのこだけでは食べられない子どもには、シチューやカレー、スパゲッティー、グラタンなどに入れたり、バターで炒めたりすると食べやすくなります。子どもが好きなメニューと組み合わせて、おいしく食べられるようにしましょう。

P038_05

成長期に必須の栄養素がたっぷり！ 旬のさんま

さんまは、江戸時代から大衆魚として食べられてきた青魚で、成長期の子どもに欠かせない栄養素をたっぷりと含んでいます。良質なたんぱく質や、貧血を予防する鉄分とビタミンB群、粘膜を強くするビタミンA、丈夫な骨に必須のカルシウムとビタミンDなどです。また、さんまはDHA、EPAといった不飽和脂肪酸が豊富で、これらは脳の働きを高め、学習能力向上にも効果があります。貴重な脂を落とさないように調理して食べましょう。

P038_06

<書き出し文例>

●9月に入っても暑い日が続いています。夏の疲れも出てくるこの時期、規則正しい食生活で体調を整えましょう。冷たいものを食べることが多かった夏。温かいごはんとみそ汁を食べるだけでも食生活がリセットされますね。

P039_01

●秋は月が一番きれいに見える季節です。お月見のお供えの代表でもあるさといもをはじめ、これからたくさんの食材が旬を迎えます。おいしく食べて、残暑を乗り切りましょう。

P039_02

P039_03

P039_04

P039_05

P039_06

P039_07

P039_08

P039_09

P039_10

P039_11

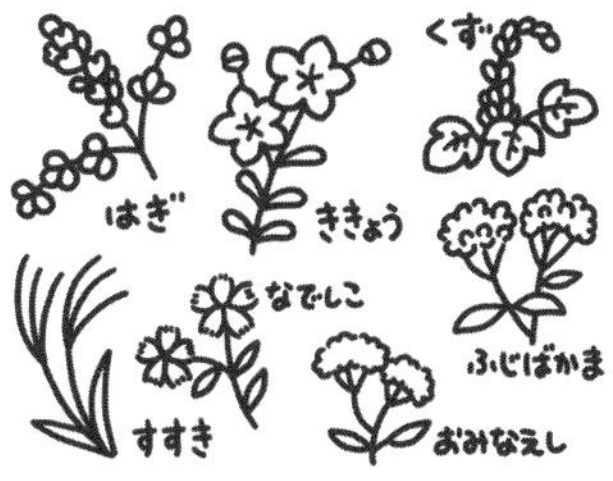

P039_12

P039_13

P039_14

P039_15

P039_16

10月の食育

食欲の秋

暑かった夏。食欲の低下からくる夏バテが心配だった時期も終わり、爽やかな秋を迎えました。この頃になると、体がみるみる健康を取り戻し、また秋の豊かな食材が食卓に登場することで、大人も子どもも食欲の秋を満喫できるというわけです。

天気のよい日には旬の食材でお弁当を作って、気持ちのよい秋の空気を吸いながら、子どもといっしょに公園にお出かけをしてみるのもすてきですね。

P040_01

いも掘り遠足

春においもの苗植えの様子を本で見てから、夏には「雨でおいもが大きくなるのかな?」と話題にするなど、秋の収穫を楽しみにしてきました。いよいよ来週は、いも掘りに出かけます。子どもたちの気持ちも高まっておりますので、おうちでも「楽しみにしてるね」と声をかけていただけたらと思います。

農園の方のお話では、掘ったおいもは数日置いてから食べる方がおいしいそうです。

P040_02

子どもと新米を炊いてみよう

米を炊くのはもっともシンプルな調理。それでいて、ごはんは食事の主役となるため、炊飯は、家庭での親子クッキングにおすすめ。まずは、ボウルの中にざるを入れ、その中に米を入れて、いっきに水を加えて軽くかき混ぜます。水が白くなっている点に着目。その後は「グルグルギュッ」と、手のひらで研ぐ手本を見せます。炊飯器ではなく、お鍋で炊く様子を見せても楽しいですね。

P040_03

さつまいもは食物繊維が豊富!

さつまいもに豊富に含まれる食物繊維は、腸内の善玉菌を増やしておなかの調子を整えるため、便秘予防に役立ちます。穀類やいも類、野菜、海藻などを多くとる、かつての日本人の食生活では十分に足りていたのですが、食生活が変化した現代では、摂取量は20分の1くらいに減ってしまいました。今が旬のさつまいもを食べて、食物繊維をしっかりとりましょう。

P040_04

収穫の秋

秋は実りの季節です。最近はすっかり暑さも和らぎ、子どもたちの食欲もぐんと増してきました。いも類、果物、魚、きのこなど、秋はおいしい食材がたくさん。旬の食材には栄養も豊富です。秋の味覚を存分に味わって、かぜなどに負けず、毎日元気いっぱいに過ごしてもらいたいですね。

P040_05

ビタミンCと食物繊維がたっぷり! 歯ごたえもおいしい　れんこん

穴の開いた独特の形から、「見通しがきく」といわれ、縁起物としてお祝いの料理に用いられます。炭水化物が主成分で、エネルギー量は高めですが、肌の新陳代謝を活発にしたり、粘膜を丈夫にしてかぜを予防したりするビタミンCを多く含みます。また、便秘予防になる食物繊維も豊富です。

表面に傷がなく、変色していない新鮮な物を選び、シャキシャキとした歯ごたえを残すために、加熱しすぎないことがポイント。天ぷら、きんぴら、サラダ、おすしの具、煮物など、食感のアクセントとしていろいろな料理に活用できます。

P040_06

<書き出し文例>

●秋は実りの秋です。さんま、きのこ、りんご、くりなどおいしい食材がたくさん出回ります。旬のものは栄養も豊富です。秋の味覚を味わいながら、かぜに負けない体を作りましょう。

P041_01

●10月に入り、だいぶ過ごしやすくなりました。ますます活動的になる季節、いよいよ○日はいも掘り遠足に行ってきます。収穫したさつまいもで何を作ろうかと、子どもたちと相談中です。

P041_02

P041_03

P041_04

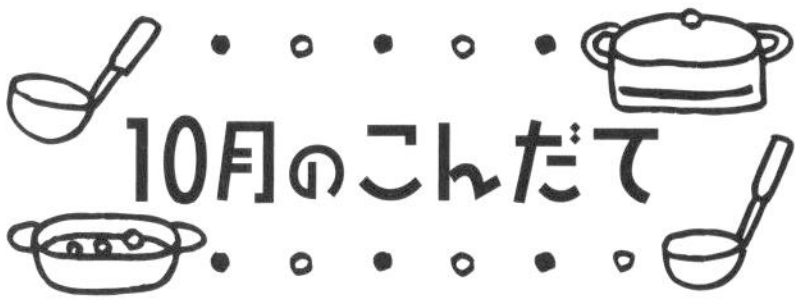

P041_05

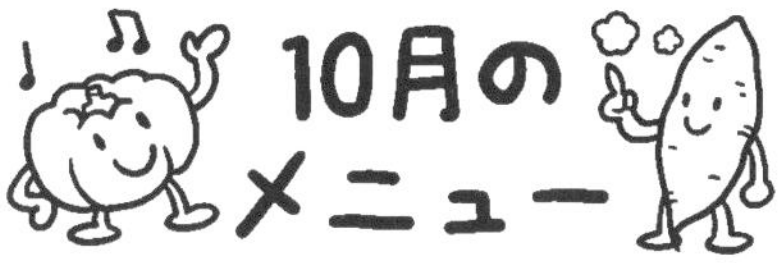

P041_06

P041_07

P041_08

P041_09

P041_10

P041_11

P041_12

P041_13

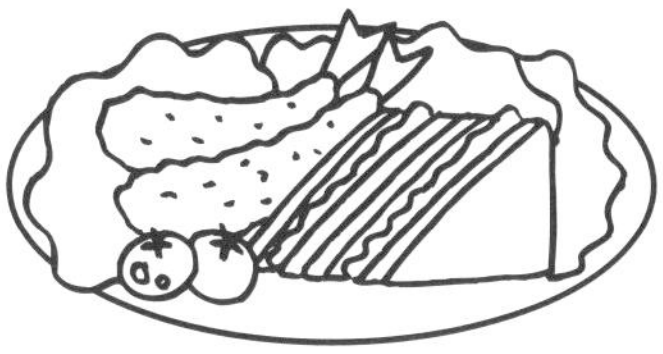

P041_14

P041_15

P041_16

11月の食育

七五三

七五三は、男の子は3歳と5歳、女の子は3歳と7歳の年の11月に、成長と福運を神社で祈願する日本の伝統的な行事です。子どもたちにはわかりにくいかもしれませんが、元気に大きくなったことをみんなで祝福してあげたいですね。

園からちとせあめを持ち帰りますので、ご家族皆様で召し上がりながら、お子さんの小さいときの思い出話を聞かせてあげてください。きっと目を輝かせて聞いてくれるでしょう。

P042_01

“ヌルヌル”が消化を助ける！ 栄養いっぱいのさといも

人里でとれることから、「さといも（里芋）」と呼ばれるようになったといわれています。でんぷんが主成分であるいも類のなかでもカロリーが低く、食物繊維が豊富なので便通を改善させる効果もあります。さらに、筋肉の収縮をスムーズにするうえ、塩分排出を進めたりするカリウムを、いも類のなかでもっとも多く含んでいます。特有のヌルヌルした成分は、胃壁を守り、消化を助けるため、ぬめりも逃さず調理して食べましょう。

P042_02

食べごよみ

赤飯

七五三やお祭り、お祝い事などの吉事に赤飯を炊く風習は、今では一般的になりました。昔は、赤色には邪気をはらう効果があると信じられ、凶事に赤飯を炊いて食べていたものが、反転したという説があります。味付けには地方性があり、北海道では甘納豆を加えたり、東北地方ではザラメ、砂糖などを加えて甘くしたりします。また、関東では、小豆は腹が破れやすいことから縁起が悪いとして、ささげを用いることも。今年の七五三には、そんな話をしながら、子どもといっしょに赤飯を炊いてみましょう。

P042_03

食べごよみ

鍋料理は栄養満点！

木枯らしが吹いて肌寒くなってきたら鍋の季節！肉や野菜を入れて煮るだけの手軽さに加え、栄養バランスが整いやすいのも鍋の魅力。塩分をとり過ぎるとの指摘もありますが、野菜を多く使えば、塩分過剰のリスクよりも体によい栄養成分をとれるメリットの方が大きいでしょう。また、鍋は家族団らんの象徴的な料理。鍋を囲んでの楽しいおしゃべりや笑顔も、鍋の栄養成分ですね。

P042_04

食べごよみ

りんごを食べて医者いらず

りんごは、アレルギーを引き起こすヒスタミンを減らし、アレルギー疾患を予防する効果があるといわれています。他にも動脈硬化・高血圧など生活習慣病の予防や、腸の消化吸収を促して便秘を予防する作用もあります。ただし、体によいからと食べ過ぎは禁物。果物に含まれる糖分も、とり過ぎると肥満につながりますから、注意しましょう。

P042_05

食べ物本来の姿を知る機会を

「魚は開きの姿で泳いでいる」「昆布は畑でとれる」「だいこんやにんじんには葉っぱがない」といった思い込みをしている子どもが増えています。スーパーで目にする食べ物は、すでに加工されている場合が多いですが、子どもたちには、野菜や果物の栽培や収穫などの体験を通して、食べ物本来の姿を見て、触れて、食べる機会を与えたいですね。食べ物本来の姿を知ることは、わたしたちが動植物の「命」をいただいていることを理解するきっかけにもなります。

P042_06

＜書き出し文例＞

●秋本番、紅葉が美しい季節になりました。子どもたちの体は春には身長が伸び、秋には体重が増えるといわれています。季節の食材を存分に味わって、これからの寒さに備えましょう。

P043_01

●朝晩は冷え込むようになり秋も深まってきました。さけなど旬の魚には脂がたっぷり乗っていて体を温め、いも類はエネルギー源になります。みんなで秋の収穫物を味わおうと思います。

P043_02

P043_03

P043_04

P043_05

P043_06

P043_07

P043_08

P043_09

P043_10

P043_11

P043_12

P043_13

P043_14

P043_15

12月の食育

冬至の話

冬至は、1年で一番昼が短い日。この日を境にだんだん日が長くなっていきます。冬至の日には、かぼちゃを食べ、ゆず湯に入る習慣がありますね。「冬至にかぼちゃを食べるとかぜをひかない」と聞いたことはありませんか。野菜の少ない冬、保存のきくかぼちゃを食べて栄養を補い、健やかに過ごそうという古来の知恵です。ゆず湯に入るのも、血行が促進され、体が温まるからです。こうしたすばらしい知恵を、子どもたちにも伝えていきましょう。

P044_01

餅つき大会のお知らせ

1年を無事に過ごせたことに感謝して、○日に園庭でお餅つきを行います。

子どもたちは、前日に餅米を研ぐところから始まり、当日は、臼ときねを使って、餅つきを行います。どんなお餅ができるのか、みんなとても楽しみにしています。きな粉餅やあんころ餅、そして海苔巻のお餅は、きっと軟らかくて、今まで食べたことがないおいしさだと思います。お手伝いをしてくださる保護者の皆様、よろしくお願いいたします。

P044_02

食べごよみ

大みそかに年越しそば

年越しそばは、江戸時代中期からの習慣といわれています。そばのように細く長く達者で暮らせることを願い、食べられてきたそうです。またそばは切れやすいことから、今年の悪いことは切り捨て、新年に持ち越したくないという思いや、やせた土地でも力強く育つそばにあやかりたいとの思いから、ともいわれています。大みそかに昔の人たちがそばに込めた思いを、子どもに話してみてもよいですね。

P044_03

消化がよく低カロリー！ 冬においしい　はくさい

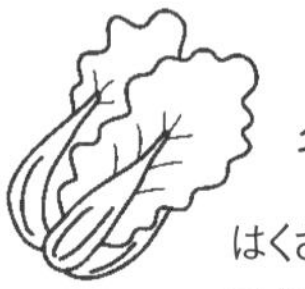

はくさいは、冬の鍋料理などに欠かせない食材の1つです。約 95%も水分を含み、低カロリーでビタミンCも効率よく摂取できる健康野菜です。甘みがあり、その淡泊な味は、肉や魚のうまみを上手に吸収します。また、他の食材との調和もよいので、薄味に調理して食べるのがおすすめです。煮たはくさいは、体の余分な熱を冷ます作用をもち、消化もよいので、かぜで熱が出たときに食べるのもよいでしょう。

P044_04

ビタミン・ミネラルで貧血防止 優秀な旬の食材　かき

かきは「海のミルク」として、欧米でも古くから生食されてきました。含まれる栄養素は、鉄分や銅、亜鉛、ビタミンB_{12}、葉酸。さらに、貧血防止に必要なビタミンとミネラルを併せもった優秀な食材です。特に亜鉛は、鉄分、銅ともに子どもの発育を促進し、味覚を正常に保つのに欠かせません。熱を通し過ぎないよう、食べるときの風味を大切に、フライやバター焼き、かきごはん、クリームシチューなどにして、うまみ成分を逃すことなくおいしくいただきましょう。

P044_05

旬のさわらで成長を促進

さわらは、回遊魚のため、地域によって旬の異なる魚で、産卵期前の脂の乗ったものが人気です。また、成長とともに名前が変わる出世魚です。栄養の特徴は、子どもの成長を促進するビタミンB_2が豊富なこと。摂取した糖質や脂質、たんぱく質がエネルギーに変わるのを助け、粘膜や爪、髪、皮膚の健康を保ちます。さらに、カルシウムの吸収を促進するビタミンDも含んでいます。塩焼きや照り焼き、ホイル焼き、蒸し焼き、ムニエル、フライなど、幅広い調理法で旬の味を楽しみましょう！

P044_06

＜書き出し文例＞

●朝夕の寒さが厳しくなってきました。かぜをひきやすい季節です。体を温めてくれる根菜類や、ビタミンたっぷりの葉野菜、免疫力を高めてくれるきのこなどでかぜを予防しましょう。

P045_01

●12月はもちつき大会やクリスマス、年末年始とうれしい行事が目白押しです。それぞれの行事にまつわる食についても、由来や作り方などを子どもたちに伝えながら楽しみたいと思います。

P045_02

P045_03

P045_04

P045_05

P045_06

P045_07

P045_08

P045_09

P045_10

P045_11

P045_12

P045_13

P045_14

P045_15

1月の食育

食べごよみ

おせち料理・七草がゆ

お正月は新しい年の神様を迎え、新たな1年の実りを願う祭事です。「おせち」はその神様へのお供え物といわれています。健康を願う黒豆、豊作を祈る田作り、豊かに暮らせるように願う栗きんとんなど、縁起を担いだ料理が詰め合わされています。

一方、七草がゆは1月7日の人日《じんじつ》の節句に、邪気を払い無病息災を祈って食べられてきた物。お正月のごちそうで疲れた胃にも、ぴったりです。

P046_01

食べごよみ

もち

鏡もちは年神様へのお供え。おもちを丸くするのは魂をかたどるためであり、鏡は魂を象徴する神器です。大みそかに飾って、1月11日の鏡開きにはおもちを切らずに木づちなどで割り、ぜんざいやしるこを作って食べる習慣があります。あずきは食物繊維が多く体を温める働きもある、体に優しい食材。とはいっても、丸もち1個は茶わん1杯分のごはんに相当します。食べ過ぎには注意しましょう。

P046_02

乾物は栄養が凝縮！ 切り干し大根のおすすめ調理法

乾物は、食物を天日干しして作る食品で、栄養価は生の物とは比較にならないほど増えます。例えば切り干し大根。骨や歯を丈夫にするカルシウムは16倍、貧血を防ぐ鉄分は32倍にも増えるといわれます。切り干し大根は炒めたり煮たりするのが一般的ですが、サラダ風にすると子どもにも好評です。きゅうりやハムを加え、マヨネーズ、すりごま、しょうゆ、ごま油であえて味を付けます。また、ハムの代わりにツナを入れるのもおすすめです。切り干し大根が硬いときは、一度炒め煮して冷ましてから使うとよいでしょう。

P046_03

おもちをのどに詰まらせないように！

おもちを食べる機会が多い季節。おもちをのどに詰まらせる窒息事故には気をつけたいものです。窒息事故は、6歳以下の幼児と60歳以上の高齢者で多く発生しています。おもちをひと口で食べられるサイズにしておく、食べる前に水や汁物を飲んで口の中やのどをぬらし、滑りをよくしておくなどの注意が必要です。おもちの表面の粘りけが強いと詰まりやすいため、きな粉をまぶしたり、汁につけたりして食べるのがベターです。

P046_04

緑黄色野菜の王様！ 冬が旬のほうれんそう

ほうれんそうは、貧血予防に欠かせない鉄分や葉酸、ビタミンCが豊富で、さらに粘膜を保護して免疫力を高めるビタミンAも多く含んでいることから、まさに緑黄色野菜の王様といえる食材です。シュウ酸などのあく成分を多く含んでいるので、さっとゆでてから流水にさらし、あく抜きをしてから調理します。炒めると食べやすく、ナッツやごまとの組み合わせがおすすめです。ビタミンA、C、Eがそろい、免疫力をさらに高めてくれます。

P046_05

たんぱく質がポイント 体を温める食材で冬もポカポカ

寒いこの季節には、体を温める食材を積極的に食べましょう。体を温めるには、まず主菜となるおかずに、肉、魚、卵、大豆製品など、良質なたんぱく質を豊富に含む食材をしっかり取り入れること。野菜では、しょうが、ねぎ、たまねぎ、こまつな、にんじん、かぼちゃなどが体を温めてくれます。みそ汁やスープ、シチューにしょうがを加えるのもおすすめ。毎日の食事に生かして、体がポカポカになる食事を作りましょう。

P046_06

<書き出し文例>

●冬休みはどのように過ごされたでしょうか。各ご家庭でおせち料理やお雑煮などお正月料理をたくさん食べられたことと思います。お正月休み明け、早寝・早起き・バランスのよい食事で体調を整え、今年も元気に過ごしましょう。

P047_01

●まだまだ寒い日が続きます。お正月のごちそうで胃腸に負担がかかっている体には、七草がゆのような温かくてやさしい味の食事がぴったりです。今年も○日にみんなでいただきます。

P047_02

P047_03

P047_04

P047_05

P047_06

P047_07

P047_08

P047_09

P047_10

P047_11

P047_12

P047_13

P047_14

P047_15

2月の食育

食べごよみ 節分の恵方巻きって？

「恵方巻き」とは、節分の夜に食べる縁起物の太巻きのこと。暦の上で春を迎える節分の日に、1年の災いを払う厄落としや商売繁盛を願う意味で、太巻きをその年の恵方（吉方）に向かって丸かじりするのが習わしとされています。もとは大阪を中心とした関西発祥の風習ですが、食品業界での販売促進活動などによって、最近では全国的にもよく知られるようになってきました。

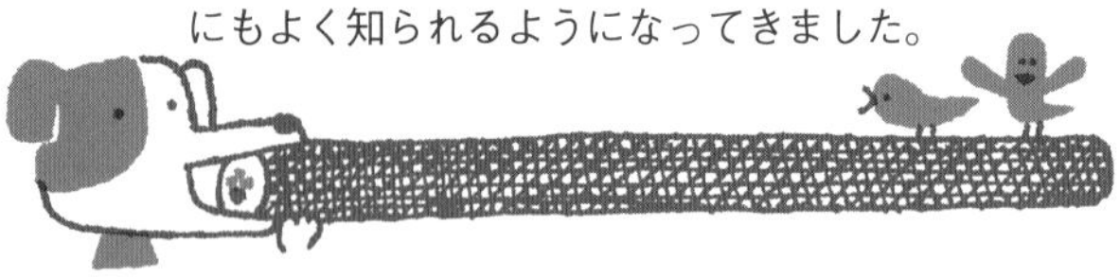

P048_01

寒い季節の 汁物のススメ

温かい汁物は、冬にぴったり。消化酵素の働きを促進して消化・吸収を助けてくれる他、のど越しも温かく、体を芯からぽかぽかにしてくれます。冷めにくくするには、具だくさんにした汁物に、片栗粉などで緩くとろみをつけるとよいでしょう。他にも、適当な長さに折った乾麺や、白玉だんごを加えて煮たり、しょうがの搾り汁やごま油を数滴加えたりするなど、食感や風味に変化がつくようにアレンジするのもおすすめです。

P048_02

みかんでかぜ知らず！

秋から冬にかけてよく食べられる温州みかんには、かぜの予防に役立つ栄養素が豊富。皮膚や粘膜を強化して免疫力を増すビタミンCやβ-カロテン、気管支の筋肉を緩め、せきを鎮める効果のあるシネフィリンも含まれています。白い綿状の甘皮や薄皮もいっしょに食べれば、ビタミンPや食物繊維もとれます。アメリカでは、手で簡単に皮がむけて、テレビを見ながらでも食べられることから「テレビオレンジ」とも呼ばれています。

P048_03

根も葉も栄養が豊富 今が旬のだいこん

数多くの種類があるだいこんのなかでも、一般的に知られているのは、辛みが少なくてやや小ぶりの青首だいこんです。1年中出回っていますが、この時期の物は特に甘みが強く、おいしく食べられます。生食する際は、よく洗って皮ごと使うのがおすすめ。すりおろす場合は、食べる直前に行うと、ビタミンCの損失を防げます。だいこんの根の部分は、でんぷんの消化を助ける酵素成分や、解毒作用がある成分を含み、葉は粘膜を強くするβ-カロテンや、骨の栄養になるカルシウムが豊富です。葉も捨てずに調理して食べましょう。

P048_04

血液サラサラ&ビタミン豊富 脂の乗った旬のぶり

ぶりは、成長によって名前が変わる出世魚。脂肪を多く含み、濃厚な味わいが特徴です。ぶりのような青魚の脂肪には、血液をサラサラにするEPA、脳の働きを活発にして学習能力アップに効果のあるDHAが含まれています。また、ビタミンB群とE、カルシウムの吸収に欠かせないビタミンDが豊富です。さらに、この時期のぶりは「寒ぶり」といって、産卵前で栄養がたっぷり。身は刺身や照り焼き、塩焼き、ムニエルにするとおいしく、頭やアラは、かす汁やぶり大根など煮物に入れるとよいだしが出る、捨てるところがない食材です。

P048_05

かぜに強い体を作る 免疫力アップの食事

よく食べて、寝て、遊んで、笑う。子どもにとっては、そのような毎日が、自然と免疫力を高めていくことにつながります。それでもこの季節には、かぜに負けない体作りを意識した食事をとりましょう。ビタミンA、C、Eを含む緑黄色野菜や果物は、ウイルスに対する粘膜の免疫を高めます。これに、良質なたんぱく質を含む卵、魚、肉、大豆製品を組み合わせて体力をつけましょう。また、胃腸を丈夫にすることもかぜの予防になります。規則正しく、偏食のない生活を心がけて、元気に冬を乗り切りましょう。

P048_06

＜書き出し文例＞

●暦の上では立春を迎えますが、1年で一番寒い時期です。かぜやインフルエンザに負けず元気に過ごすには、食事が大切です。バランスよくいろいろなものを食べるようにしましょう。

P049_01

●寒い日が続いていますが、園庭の桜は芽吹きの準備をしています。もうすぐ節分。豆には芽吹くパワーがたくさん詰まっています。そんな豆を年の数だけ食べて、元気に春を迎えましょう。

P049_02

P049_03

P049_04

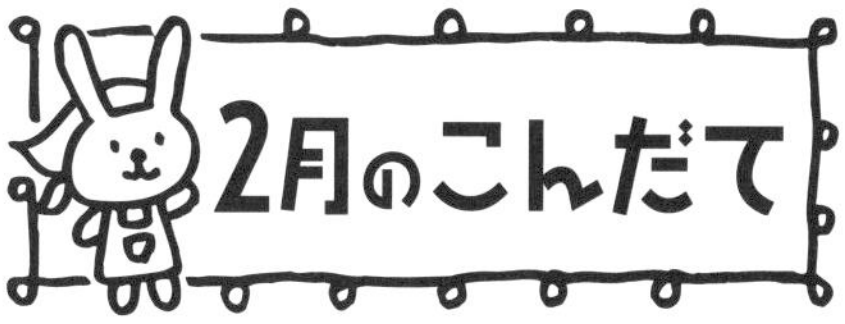

P049_05

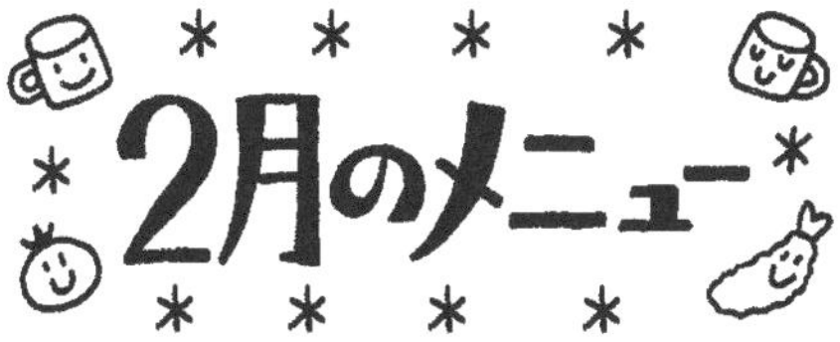

P049_06

P049_07

P049_08

P049_09

P049_10

P049_11

P049_12

P049_13

P049_14

P049_15

3月の食育

貧血予防に！ 旬のあさり

あさりは、血液の成分の1つである鉄分や赤血球の生成に働くビタミンB_{12}を豊富に含むことから、貧血予防に効果的な食材です。体の酸欠状態である貧血は、息切れや疲れやすさ、集中力の低下、食欲不振を招いたり、脳の成長に影響したりしますので、積極的に献立に取り入れましょう。口を硬く閉じている新鮮な物を選ぶようにして、傷みやすいのでその日のうちに食べましょう。調理は、貝特有のうまみ成分であるコハク酸を逃さないことがポイント。みそ汁、パスタソース、酒蒸し、チャウダー、炊き込みごはん、トマト煮、炒め物などが最適です。

P050_01

食べごよみ

桃の節句の「ひし餅」「はまぐり」の意味は？

ひし餅のルーツは古代中国にあり、古代中国では母と子の健康を願い、母子草《ははこぐさ》の餅を食べていました。これが日本ではよもぎ餅となり、長寿や純潔を表すひしの実を入れた白餅と、魔よけの意味をもつくちなしの実を入れた赤餅が加わったといわれています。はまぐりは、「貝殻同士がぴったりと合わさる物は２つとない」ことから縁起物とされ、女の子がよい伴侶にめぐり会えるようにと、吸い物などに入れて祝い膳として出されるようになりました。

P050_02

抵抗力を高めて貧血防止！ 春に食べたい なのはな

なのはなは、春野菜のなかでも栄養価の高い野菜の1つです。β-カロテン、ビタミンC、ビタミンB_2などのビタミン類と、カルシウム、鉄分などのミネラルをたっぷり含んでいます。これらの栄養素が総合的に働き、抵抗力を高めて、かぜなどの感染症を予防します。鉄分やビタミンCは、貧血予防にもなります。軟らかく癖のない野菜なので、さっとゆでておひたしや和え物、サラダといった手軽な調理が可能。また、パスタやグラタン、シチューの具にもおすすめです。

P050_03

食べごよみ

春といえば桜餅

お花見の季節にぴったりの桜餅。関東では、クレープのような薄い焼き皮の生地であんこを巻いた形が定番です。江戸時代、江戸の長命寺《ちょうめいじ》の門番が散り積もった桜の葉を塩漬けにして、餅をくるんで売ったのが始まりで、別名「長命寺」とも呼ばれます。一方、関西では、もち米を使った、つぶつぶもちもちした食感の生地で、しっかりとあんこを包む形が一般的。もち米を蒸してから乾燥させて粗く砕いた“道明寺《どうみょうじ》粉”を使うことから、「道明寺」とも呼ばれます。同じ桜餅でも、地域によって違いがあるのも、おもしろいですね。

P050_04

おいしい＆抵抗力もアップ！ 春先のブロッコリー

冬から春先にかけてが旬のブロッコリーは、癖がないことから、子どもに人気の緑黄色野菜の１つです。ビタミンC、E、β-カロテン、鉄分、食物繊維を豊富に含み、たんぱく質と組み合わせれば、抵抗力アップにもつながります。選ぶときには、中央がこんもりしていて緑色が濃い物、つぼみが小さく締まっている物を。甘くて軟らかい印です。ゆで時間は短く、水にさらすと香りが低下するので、ざるにあげて冷まします。和える、炒める、焼くなど、いろいろな調理法が可能で、副菜にぴったりの食材です。

P050_05

いちごはビタミンCと繊維がたっぷり！

いちごは、なんといってもビタミンCが多い果物。甘くて手軽につまめるので、子どもたちにも大人気ですね。いちごは主に生食で利用されるので、ビタミンCの損失が少ないことも魅力です。また、血管、皮膚、粘膜を丈夫にして、免疫力を高めるのにも役立ちます。さらに、食物繊維が豊富なので便秘がちなときにも大いに食べたいですね。

P050_06

<書き出し文例>

●花もほころび始め、春の訪れを感じるようになりました。暖かい日もあれば寒い日もあり、体調をくずしやすくなります。旬の野菜から栄養を取り入れて、元気に4月を迎えましょう。

P051_01

●園での昼食、おやつ、クッキングなどの楽しい時間を、友達や保育者と分け合ってきた1年間。体も心も1年前とは見違えるほど大きくなりました。

P051_02

P051_03

P051_04

3月のこんだて

P051_05

3月のメニュー

P051_06

P051_07

よくかんで
食べよう

P051_08

P051_09

P051_10

P051_11

P051_12

P051_13

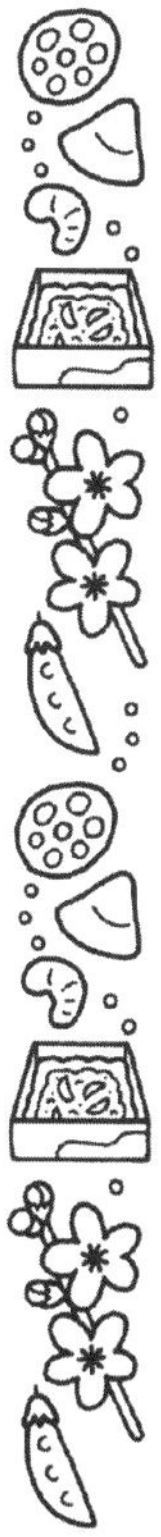

P051_14

P051_15

3～5歳児に必要なエネルギーの量は？

幼児は体が小さいわりに、身体の発育や運動量、精神の発達が著しいので、体重あたりに必要なエネルギー量はなんと大人の2倍にもなります。厚生労働省が定める「食事摂取基準」では、1日あたりの推定エネルギー必要量を男子1300kcal、女子1250kcal、としています。生涯の健康の基礎になると同時に、消化機能が未発達なこの時期、消化がよく、バランスのとれた質のよい食事でエネルギーをしっかりとりましょう。

P052_01

知っておきたい栄養素

体の発育が著しい幼児期に、特に必要な栄養素の種類と働きを紹介します。

エネルギーの素となる栄養素（三大栄養素）

- たんぱく質……体を作り、体の機能を守る。免疫力を上げる。
- 脂肪…………ホルモンや細胞膜などの成分となる。体温を維持して、内臓を衝撃から守る。
- 炭水化物……糖質と食物繊維から成る。糖質は即効性があり、生命活動を支えるエネルギー源。食物繊維は腸内環境を整える。

体の調子を整える栄養素

- ビタミン………代謝を促し、体の活動を正常に保つ。
- ミネラル………骨やホルモンなどの構成成分となり、神経、筋肉の働きなどを調整する。

P052_02

たんぱく質ってどんな栄養素？

たんぱく質は、体を構成する細胞の主成分で、筋肉、内臓、皮膚、髪、ホルモンのもとになります。魚、肉、卵、大豆製品、乳製品などに多く含まれ、体内で合成と分解を繰り返しながら、体の組織を作ったり、体の機能を守ったりする働きをする、わたしたちの健康には欠かせない、重要な栄養素です。特に、成長期にある子どもにはたくさん必要なので、良質なたんぱく質を主菜にした献立を作り、しっかりとりましょう。

P052_03

トランス脂肪酸ってなに？

トランス脂肪酸は、植物性油脂に人工的に水素を添加して合成した、マーガリンやショートニングに多く含まれている成分です。近年、心臓病のリスクを高めることが指摘され、世界的にトランス脂肪酸を含む加工油の使用が規制されてきています。日本人のトランス脂肪酸摂取量は、アメリカやカナダに比べると少ないものの、市販の菓子・スナック類には広く使用されています。とり過ぎに注意しましょう。

P052_04

重要な役割をもつ栄養素「脂肪」

「脂肪は太る」などと敬遠されがちですが、実は、1g当たりのエネルギーは、糖質やたんぱく質の2倍以上。消化吸収に時間がかかるので、腹もちがよく、長時間エネルギーを供給してくれる、体に不可欠な栄養素の1つです。また、細胞膜やホルモンの成分となったり、体温を維持したり、内臓を衝撃から守ったりするなど、重要な役割がたくさんあります。とり過ぎはいけませんが、適切な量はしっかりとりましょう。

P052_05

脂には種類があるの？

近頃よく耳にする「飽和脂肪酸」「不飽和脂肪酸」という言葉。構造の違いから分類され、体への働きも異なります。飽和脂肪酸は、牛脂やラード、バターなどの乳製品やショートニングなどに多く、過剰摂取は血液をドロドロにする原因に。不飽和脂肪酸は、オリーブ油、アーモンド、青魚、しそ油、紅花油、コーン油などに含まれます。血液をサラサラにする効果がありますが、酸化しやすいので、暗所に置き、長期保存も避けましょう。なお、青魚は、鮮度のよい物を選び、抗酸化ビタミンA、C、Eを含む緑黄色野菜といっしょにとると効果的。また、紅花油、リノール油の過剰摂取は、アトピー性皮膚炎の発症を招く恐れもあるため、注意が必要です。

P052_06

脳のエネルギーの源は毎食欠かせない炭水化物

新陳代謝が盛んな幼児期。元気に動き回ったり、脳を活性化させたりするためには、炭水化物が欠かせません。特に、脳のエネルギー源となるのは、炭水化物のなかの「糖質」だけです。朝食を食べると、頭がよく働くようになる、というのも納得ですね。三大栄養素（炭水化物、たんぱく質、脂質）のなかでも、必要とされる摂取量が最も多く、吸収スピードも速いため、食事の要となります。ごはん、パン、麺などの主食を毎食欠かさずしっかりとることが大切です。

P053_01

毎食、同じ量をしっかり！ 炭水化物

ごはん、パン、麺類などの穀類をはじめ、いも類、果物、砂糖などにも含まれる栄養素で、その成分は、糖質と食物繊維に大きく分類されます。体への消化吸収が速く、即効性があるエネルギー源なので、三大栄養素のなかでも、もっとも摂取量を必要とします。成長期の子どもに炭水化物が不足すると、体力や免疫力、体重の低下につながるので、毎食同じ量をしっかり食べるようにしましょう。パンにくらべて、ごはんの方が消化吸収が緩やかで、腹もちもよいので、朝食にはごはん食がおすすめです。

P053_02

助け合って作用するビタミン

ビタミンは、糖質、脂質、たんぱく質の代謝をスムーズに行うために不可欠な栄養素です。大きく分けて脂溶性と水溶性があり、13種類が確認されています。人の体内では、必要量のビタミンを合成できないので、食品から摂取する必要があります。ビタミン同士はお互い助け合いながら作用するので、食事を抜いたり、偏食したり、インスタント食品ばかり食べていたりすると、不足しがち。蒸し野菜や焼き野菜、和え物、具だくさんスープなど、緑黄色野菜をしっかり組み入れた副菜を、毎食欠かさず食べてビタミンを十分に補給し、効果を持続させることが大切です。

P053_03

組み合わせて食事からとるミネラル

カルシウム、鉄分、マグネシウム、銅、亜鉛など、わたしたちに必要とされるミネラルは16種類。微量ながらも、三大栄養素の活動を助け、体の機能を守るなど、重要な役割を担っていますが、体内で合成することができないため、食品からとる必要があります。なかでも、不足しやすいカルシウムや鉄分は、子どもの成長に不可欠です。意識してとるようにしましょう。また、必要なミネラルを、バランスよく含んでいる特定の食品はないため、いろいろな種類の食品を組み合わせてとることが大切。できるだけ、主食、主菜、副菜がそろった食事をとることがポイントです。

P053_04

食物繊維って種類があるの？

食物繊維には2つの種類があります。1つは「水溶性」で、腸内細菌を増やし、コレステロールの吸収を抑えます。もう1つは「不溶性」で、腸を刺激し、便通と有害物質の排泄を促します。どちらも、消化機能が未熟な幼児期の腸内環境を整えるためには、大切な働きです。集中的に摂取するのではなく、野菜や果物、海藻、きのこ、豆類、いも類などを副菜に取り入れて、毎食欠かさず食べるようにするとよいでしょう。

P053_05

腸を整えて免疫力アップ食物繊維

乳幼児は、腸管自体がまだ未熟で腹筋も弱く、便秘になりやすいようです。お菓子やインスタント食品、ファストフードなど、子どもが好む食品ばかりをとると、便秘を誘発するうえ、長期化すると改善が難しくなります。食物繊維は便のかさを増やして、排便しやすくする効果があり、腸内環境を整えることで免疫力もアップします。食物繊維の豊富な野菜や果物、いも類、豆類、きのこ類などを毎日の食事に登場させて、積極的に食べるようにしましょう。

P053_06

食育
健康
安全

骨の形成に大切な栄養素 カルシウム

骨の健康は、生涯の健康にも影響するといわれています。成長期は、カルシウムをもっとも多く吸収して骨を形成する、大事な時期です。乳製品や小魚、大豆製品、青菜など、カルシウムを多く含む食品を意識して食べるようにし、さらにその吸収を助けるビタミンD（魚類）とたんぱく質（肉、魚、卵、大豆製品）もしっかりとる必要があります。骨量をアップするためには、適度な運動も大切です。

P054_01

骨の成分以外にも！ 大切な働きをするカルシウム

カルシウムは人間の体内でもっとも多く存在するミネラルの1つです。約 99％が骨と歯に貯蔵され、残りの1％前後は血液や神経、筋肉に存在して、神経伝達や筋肉の収縮、ホルモンの分泌といった大切な働きをしています。血液中のカルシウム濃度は常に一定に保たれていますが、不足すると骨からカルシウムを溶かして調整しようとします。補うためには、食品から摂取する必要がありますが、その吸収率は低く、乳製品で約 50％、小魚で約 30％、野菜では 20％以下。不足しやすいミネラルですので、食事からしっかりとれるようにしていきましょう。

P054_02

「3《スリー》-A《ア》-Day《デイ》」で カルシウム不足解消!

カルシウムの摂取不足対策としてアメリカで始まった「3《スリー》-A《ア》-Day《デイ》」。「1日の食事に、牛乳・ヨーグルト・チーズをどれでも３回または３品とり入れよう」という食生活改善運動のことです。日常的にカルシウムをとることで、骨を強くしたり、腸内環境を整えたりして、健康的な生活の基盤作りになります。朝に牛乳１杯、おやつにチーズ１かけらなど、少量でもこまめに食べることから始めましょう。

P054_03

子どもの貧血と鉄分

貧血は、子どもにも見られ、その原因の多くは、鉄分不足といえます。乳幼児期から成長期にかけて、子どもの体は鉄分を多く必要とし、不足している場合、症状は穏やかに現れます。食欲が落ちた、顔色が悪い、不機嫌になるなど、子どもの体調の変化をチェックするようにしましょう。鉄分は、体に吸収されにくいミネラルです。鉄分の多いレバー類やかつお、ぶり、いわし、納豆、豚肉は、ビタミンCが豊富な緑黄色野菜と組み合わせることで、鉄分の吸収が高まり、効率的にとることができます。

P054_04

成長期に不可欠な ミネラル「鉄分」

体を作っている細胞に栄養素や酸素を運ぶのが血液成分ヘモグロビン。このヘモグロビンを作るために欠かせない栄養素が「鉄分」です。肉類、海藻類、豆類やしじみ、はまぐり、ほうれんそうなどに多く含まれていて、なかでも、レバーに含まれる鉄分は吸収率が高くなっています。また、鉄分はビタミンCと合わせることで効率よく吸収されるため、肉と野菜や果物をセットで食べるのがおすすめです。

P054_05

栄養価が高くなり、便秘防止にも！ 発酵食品のパワー

みそやしょうゆ、酢、キムチ、ぬか漬け、かつお節、チーズ、納豆、ヨーグルトなど、わたしたちの周りには、たくさんの発酵食品があります。発酵とは、微生物の働きによって原料が分解され、変化する現象で、ビタミンＢの栄養価が高くなったり、アミノ酸でうまみとコクが増したりします。また、腸内環境を整えるので、便秘予防にもなります。ただし、チーズや調味料、漬物など、食塩をたくさん含む物も多いので注意を。日常の食事に組み合わせながら、継続的にとりましょう。

P054_06

必須アミノ酸ってどうやってとるの？

体を作るたんぱく質は、20種類のアミノ酸で構成されています。そのうち、体内で合成できない9種類を必須アミノ酸といい、食品からとる必要があります。神経伝達物質として機能し、筋肉を強くして成長を助けるなど、子どもの発育に欠かせない大事な成分ですので、必須アミノ酸をバランスよく含んでいる卵や肉類、魚類、大豆製品を毎日の献立に入れるようにしましょう。また、みそや酢、キムチ、最近話題の塩こうじなどの発酵食品も、必須アミノ酸が豊富な、とり入れやすい食品です。

P055_01

ワインでよく聞くポリフェノール 子どもにもよいの？

今、たいへん注目されているポリフェノール。植物が紫外線から身を守るために、光合成で作り出す色素と苦味成分のことをいいます。代表的な物には、お茶のカテキン、そばのルチン、ブルーベリーのアントシアニン、大豆の大豆イソフラボンなどが挙げられます。ポリフェノールは、強い抗酸化力をもち、体の組織や細胞を障害から守るうえ、免疫機能を高める作用があります。野菜や豆など、植物性食品を複数組み合わせて、バランスよく食べるとよいでしょう。

P055_02

ヨーグルトを毎日の習慣に！

栄養豊富な牛乳が原料であるうえに、発酵してできた乳酸菌が含まれるヨーグルトは、腸の調子を整え、栄養の吸収を助ける優れた食品です。「ビフィズス菌」は、この乳酸菌の1つで、腸内でビタミンB_2、B_6、ナイアシンの合成を助けます。さらに、便秘を予防するだけでなく、腸内で有害物質が作られるのを防ぎ、免疫力を高めることから、がん予防やアレルギーの改善などでも効果が期待されます。手軽に食べられるヨーグルトを毎日の習慣にして、元気な腸を作りましょう。

P055_03

脳を育てる「DHA」

DHA（＝ドコサヘキサエン酸）は、脳や網膜など神経系の働きに不可欠な栄養素で、母乳にも含まれています。DHAは、神経系の発育や発達を助けるため、脳の成長が著しい乳幼児期には特に重要な栄養素として注目されています。体内で作られる量が少ないので、食品から取り入れることが大切。魚介類の脂に多く、特にさば、あじ、いわしなどの青魚に多く含まれています。

P055_04

マグネシウムで キレない子どもに

骨の主成分となるカルシウムを陰で支えているのは、マグネシウムということをご存じですか？　カルシウムは、マグネシウムとペアになることで骨の形成を助けることができるのです。マグネシウムにはイライラする気持ちを静め、神経の興奮を抑える作用もあります。通常不足しがちなミネラルなので、マグネシウムを多く含む玄米やナッツ類、わかめやのりなどを意識して献立に入れましょう。

P055_05

子どもにサプリメントは必要？

子どもの栄養が偏らないようにと、サプリメントの利用を考えている方も多いでしょう。しかし、現在の製品は、子どもにとって安全かどうか、科学的に確認されている物は多くありません。その有効性は、成人で得られたデータが多く、子どものデータはきわめて少ないのです。食に対しての興味や関心が育まれる、大事な乳幼児期だからこそ、まずは3度の食事を楽しみながら、バランスよく栄養がとれるよう心がけましょう。

P055_06

食育
健康
安全

食生活

食生活リズム

子どもの食生活リズムの基礎を作る重要な時期！

夜更かしや不規則な生活が、子どもの健康と成長における問題点となっています。十分に睡眠をとること、そして朝の光を浴びることで体内時計は正しく整えられます。さらに、昼間にたくさん体を動かし、「おなかがすいた」という感覚をもつことが重要で、子どもの食生活リズムの基礎を作ります。朝、昼、夜の規則正しい食事の繰り返しがこの食生活リズムを助け、幼児期の活動にメリハリを与えてくれるのです。まずは、生活リズムを規則正しく整えてみましょう。

P056_01

継続できていますか？ 食事のリズム

新年度や新学期には気をつけていた食事のリズムが、だんだんと乱れてきていませんか？ 幼児期は食事のリズムを作る大事な時期ですので、規則正しい食事の時間、量、質を継続していきましょう。そのためには、体を動かすことで空腹を感じ、食欲をわかせることがポイントです。また食欲は、「おなかがすいた」という生理的な欲求だけではなく、「おいしそう、みんなで食べたい」という気持ちや、今までの食体験にも影響されます。家庭で楽しく食べる習慣も大切にしましょう。

P056_02

食事をとる時間を決めましょう

健康的な食事には、食べる量や内容に加えて、食べるタイミングも重要。幼児は、体の成長が著しいのに対して１回に食べられる量が少ないため、朝昼夕の３食に午前または午後のおやつをプラスした、１日４～５回食がすすめられています。家庭によって、朝食が遅かったり夜食をとったりといった生活スタイルもあるかと思いますが、大切なのは、毎日同じ時間帯に食事をとること。不規則な食事やだらだら食べは、虫歯や肥満につながります。

P056_03

「早く食べなさい」と言っていませんか？

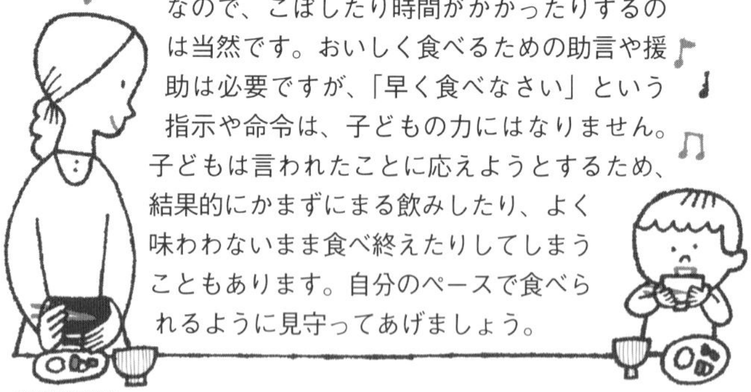

子どもにとっては「自分で食べる」のがなにより大切で楽しいこと。まだ食べ方の練習段階なので、こぼしたり時間がかかったりするのは当然です。おいしく食べるための助言や援助は必要ですが、「早く食べなさい」という指示や命令は、子どもの力にはなりません。子どもは言われたことに応えようとするため、結果的にかまずにまる飲みしたり、よく味わわないまま食べ終えたりしてしまうこともあります。自分のペースで食べられるように見守ってあげましょう。

P056_04

朝ごはん

とっても大切！ 早寝早起きと朝ごはん

規則正しい時間に寝て、朝早く起きる生活をすることは、なによりも子どもの脳の成長に重要です。夜型の子どもには、キレやすい、攻撃的など、問題を起こしやすい傾向があることがわかっています。さらには、太りやすいことも発表されています。朝ごはんは、寝ている間に低下している体温を上昇させ、脳の働きを活発にするために必須です。早寝早起き、朝ごはんは、頭と体を元気にする基本です。

P056_05

朝ごはんを食べて元気な1日

「目覚ましごはん」という言葉を知っていますか？ 朝ごはんを食べると、頭と体、そして腸にも目覚めのスイッチが入るのです。温かいみそ汁の香りや目玉焼き、サラダの色は、「おいしそう」と五感を働かせて脳を刺激します。パンやごはんは集中力や記憶力を高め、おかずとなる卵、肉、大豆製品は、体温と活力を高めて快便を促します。そしてなにより、家族といっしょに食べることが大切。朝の家族の笑顔が、一番の栄養になるのです。元気もりもりになる朝ごはん、みんなで続けていきましょう。

P056_06

楽しく食べる

家族で分かち合う、楽しい食生活を

乳幼児期は、言葉や歩行に加え、味覚やそしゃくなどの食べる機能も発達します。しかし、歯やあごの食べる機能や消化吸収、排泄の機能はまだ未熟で、個人差が大きいため、子どもの体に合った十分な栄養と、安定した食生活を送ることが重要です。家庭では、食事の準備を手伝ってもらったり、会話をしながらいろいろな味を味わったりしてみましょう。食事の時間を楽しく分かち合うことが、子どもの健やかな成長につながります。

P057_01

みんなで食べよう

食卓は、「人間関係を育む場」です。家庭なら家族みんなで、園なら大好きな友達や先生と、おなかをすかせて食べる食事は、おいしくて楽しい条件がそろっています。とはいえ、ただ集まりさえすればよいという訳ではありません。それぞれが別々に好きなことをおしゃべりしながらでは、楽しさも半減してしまいます。園では保育者がテーブルマスターとして、食事中の話題や食情報を準備してお話しします。家庭でもそんな大人の心遣いで、心地よい食卓作りを心がけましょう。

P057_02

順番に食べるともっとおいしい！

お米を主食とする日本食は、ごはんとおかずをいっしょに食べることで、そのどちらもがよりおいしく味わえる、「口中調味」という食習慣を生み出してきました。ごはんが口の中にある間におかずを入れて、口の中で味を調整するという日本食独特の食べ方です。食事の始めに汁物でのどを潤し、胃液の分泌を促します。そしてごはん、おかず、と箸を進めていきます。このように、順番に味わってこそおいしい和食の食べ方は、乳幼児期からの大切な食習慣として身につけていきたいですね。

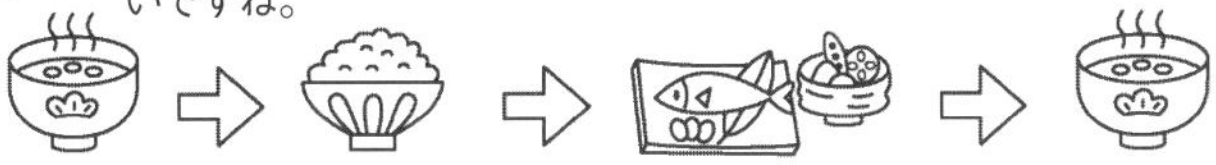

P057_03

調理の工夫で好き嫌いを克服

子どもは、匂いや食感、味、見た目など、五感で好き・嫌いを感じています。どんなふうに「嫌い」なのかを知ると、対処することもできます。例えば子どもが苦手な青菜は、ごまやくるみ、ピーナッツ、マヨネーズなどの和え衣で味を変えたり、のりやしょうが、ごまなど、子どもの好きな物を添えたりするのもおすすめ。また、乳幼児期に、栽培や買い物、クッキングを体験すると、興味や関心が高まって、「食べてみたい」という意欲につながります。食材との楽しい出会いが、「好き」になっていくきっかけとなるのです。

P057_04

嫌いな野菜はこうしてみよう

子どもは、野菜の形や色などの見た目で「嫌だ」と思い込んでしまうことがあるようです。それを無理に「食べなさい」と言うのは逆効果。そこで、嫌いな野菜に触れる機会を作ってみましょう。子どもはお風呂におもちゃを入れることが大好きなように、触ったり水で洗ったりしているうちに、たとえ嫌いな野菜でも、徐々に愛着がわいてくるものです。また、嫌いな野菜を子ども自身が型抜きして、シチューやカレーに入れるのもよい方法です。まずは、「嫌だ」と思う気持ちを取り除いてあげることから始めましょう。

P057_05

食事が楽しくなるテーブル演出

「おいしさの85%は視覚情報から」といわれます。レストランなど、しつらえのよい所での食事はおいしくて楽しいものです。家庭の食卓も、少し工夫してみましょう。テーブルクロスやランチョンマットをセットするのもよいですね。おすすめなのは器の使い方です。家にあるお気に入りの食器を普段使いにしたり、大きなお皿に数個の小鉢を載せて、その中におかずを盛りつけるのもすてきです。飾る物も、花だけではなく、旬の果物や野菜をバスケットなどに入れて置くと、食卓がいっそう楽しい雰囲気になります。

P057_06

食事のマナーは何歳から?

「3歳頃までの食事習慣は一生もの」といわれるほど、幼児期のマナーは大切です。マナーというと難しく聞こえますが、年齢に応じてできる、簡単な食事の習慣です。例えば、1歳児には、食べる前の「いただきます」の挨拶を。言葉がわからなくても、大人がお手本を示してあげると、まねをして手を合わせます。2歳児には、姿勢を正して食べることや、食器の持ち方、使い方を教えましょう。このように、日常的にしていることを伝えるだけでよいのです。焦らずにゆっくりと始めてみましょう。

P058_01

3～4歳児で身につけたい 食事のマナー

3～4歳は、箸を正しく使うことが身につく年齢です。姿勢を正す、茶わんをしっかり持つ、器に手を添えるなど、大人のしぐさをまねて覚えていきます。できて当たり前と思わず、子どもが「しよう」とする姿を励まし、一瞬でもできたら「そうそう今のよかったよ」といっしょに喜びましょう。子ども自身に、できた実感をもたせることが大切です。苦手な物もひと口は試してみたり、おいしさを表現しながら楽しく食べたりすることも、身につけたいマナーの1つです。

P058_02

4～5歳児の食事のマナーと注意

食事中、大声で自分が話したいことだけをしゃべり続けたり、箸でいたずらをしたり、食べ物で遊んだりすることもあるでしょう。しかし、大人が注意してばかりでは、子どもにとって食事が楽しい時間にはなりません。4～5歳児にとっての食事のマナーとは、「食事をより楽しくするための約束」として、子どもたち自身が考え、話し合い、みんなで作り出すルールであることが大切です。また、食事のマナーだけが特別なのではなく、「他の人といっしょにいる」ことや、「楽しい生活を作るために自分はどうしたらよいか」を考えられるような言葉かけをしていきましょう。

P058_03

大人のマナー、見られていますよ

OFF

「できるようになりたい」「大きくなりたい」と願う子どもにとって、憧れる大人がそばにいるというのは、幸福なことです。食卓において、大人が子どもに見せる大切なマナーは、「楽しく、おいしく食べる」こと。もちろん、箸の持ち方や器の扱いも、子どもたちは大人のしぐさをよく見て、まねをしようとするでしょう。そんな子どもたちの手本としては、食事どきのテレビや携帯電話は不要かもしれませんね。大人のわたしたち自身が、よいマナーで食事ができるよう、気をつけてみましょう。

P058_04

お箸のマナー

食事のマナーとは、自分がおいしく食べると同時に、いっしょに食べる人が気持ちよく過ごせるためのものでもあります。お箸を正しく持って食べることを身につけたい幼児期には、大人のマナーと同じことを伝えます。友達を箸で突いたり、髪の毛や服など、食べ物以外をつまんで遊んだりするのは、危険であり、不衛生であることを話し、注意しましょう。「食べ物を口に運ぶ役割のお箸が悲しむよ」と話すと、子どもにも伝わりやすいですね。

P058_05

食べる姿勢を習慣づけよう

見た目はもちろん、食べ物の消化においても、食べるときの正しい姿勢は大切です。背中をまっすぐに伸ばし、背中が背もたれに付くように深く座ります。簡単なようですが、この姿勢を長続きさせるのは難しく、普段から気をつけていないと身につかないものです。食事中に、「子どもの姿勢がくずれてきたかな」と感じたら、子どもが興味をもつような話をしてみましょう。子どもが身を乗り出して集中してきたら、そこで大人が背中をピーンと伸ばして、自慢げな顔を見せます。それを見た子どもは、大人のまねをして、自然と姿勢を正すでしょう。

P058_06

「いただきます」を大切に

「いただきます」という言葉は、感謝の気持ちを表しています。わたしたちは毎日、他の生き物の命をいただいています。そして、食物を育てる人やそれを運ぶ人、料理をする人など、食卓に並ぶまでに携わるさまざまな人に感謝をしながら食事をしたいものですね。子どもたちと食事をしながら、「魚はどこから、どんなふうにみんなのお皿の上に来たのかな?」などのやりとりをしてみましょう。食事をいただくことに感謝の気持ちが膨らみます。

P059_01

「ごちそうさま」をいっていますか?

「ごちそうさま」は、漢字で「御馳走様」と書きます。「馳」「走」は、「はしる」という意味があり、昔は食材を用意するために魚釣りや狩りをしたり、走り回って調達したりしていたからです。たいへんな思いをして用意してくれたことへの感謝の気持ちと、食べ物(命)をいただくことへの敬いの気持ちを表した言葉が「ごちそうさま」です。きちんと挨拶ができる習慣を身につけたいですね。

P059_02

テレビを見ながら食事をするのは、なぜダメ?

「おいしい!」と感じる情報の85%が視覚から得られるともいわれます。さらに「これはだいこん」などと食材を認識しながら食べることが、乳幼児期には特に重要です。自分がなにを食べているのか、味や形はどうかを、しっかり刻み込むことが味覚を育て、食を楽しむ力を育みます。家族で食卓を囲み、食材や料理を話題にしながら食べるようにしましょう。

P059_03

食べるときの机・椅子・姿勢

椅子に座っての食事は、1人でお座りができるようになる頃を目安に行います。テーブルは肘を曲げた状態で腕を90度に置ける高さに。椅子は、ももが圧迫されないこと、足の裏がきちんと床に着くこと、猫背にならず楽な姿勢で座っていられる物を選びましょう。また、両肘を広げても隣とぶつからない距離をとることも大切です。

P059_04

食事に集中しないとき

子どもは、そばに気になる物があると、すぐに気を取られてしまうので、1つのことに集中するのが難しく、食卓に座って食べるときも、集中できるのは20分程度といわれています。食事をするときには、必ずテレビを消して、近くにおもちゃなどを置かないようにしましょう。また、気持ちの切り替えも大切ですので、部屋を変えて食事をするのもよい方法です。食べ物を器から器に移したり、投げて遊び始めたりしたときは、おなかがいっぱいか、他のことが気になってもう食べたくないという証拠。「まだ食べる?」と一度聞いてみて、食べないなら「ごちそうさま」をして切り上げましょう。だらだら食べは、食事嫌いになりかねません。

P059_05

テレビを見ながら食事をしていませんか?

テレビを見ながらの食事は、大人でもつい食べ過ぎてしまい、肥満の原因になります。ましてや、子どもがテレビに夢中になってしまうと、食事の時間が長くなり、よくかまない、食べ残しが増えるなど、食事への集中力を欠き、満足感の得られない食事になりかねません。食事をするときはテレビをつけず、家族そろって会話をしながら、楽しい雰囲気で食べるように心がけましょう。

OFF

P059_06

幼児にとってのおやつの意味

成長の著しい幼児は、１日３回の食事では十分な栄養がとりきれません。おやつは、不足しがちな栄養分や１日に必要な栄養分を補う食事と考えましょう。チョコレートやスナック菓子などではなく、エネルギー、カルシウム、ビタミン類などがとれる、おにぎりやサンドイッチと、乳製品や果物といった軽食のような組み合わせが適しています。

P060_01

栄養を補う毎日のおやつ

幼児期は、１度に食べられる量が限られているため、朝昼晩の食事だけでは、必要な栄養が十分に摂取できません。不足しがちな栄養素を補うためにも、おやつは大切な食事の１つです。子どもの活動や体調に合わせて質、量、時間を決めてとりましょう。おすすめは、季節の果物や乳製品、いも類、豆類など。市販品の場合は、食品添加物の使用が少ない物を選びましょう。また、おやつは子どもにとって楽しみな時間なので、食への興味を広げるチャンスでもあります。いっしょにお菓子を作るなど、積極的に手伝いができるメニューにしてもよいですね。

P060_02

おやつは組み合わせメニューで上手に栄養補給

子どもにとってのおやつは、1日3回の食事で足りない栄養を補うための大切なものです。2歳までは1日2回、3歳以上は1日1回が目安。メニューは、「麦茶＋おにぎり」や「牛乳＋ミニパン」など、軽い食事をとるイメージで。不足しがちなカルシウムと食物繊維を補うために、「ヨーグルト＋いも類」や「飲み物＋果物」という組み合わせもおすすめです。甘い菓子やスナック菓子は、子ども好みの、やめられない止まらない味になっています。必ずお皿に適量を取り分け、食べ過ぎないよう注意しましょう。

P060_03

冷たいおやつのとり方

夏場は、冷たいアイスや清涼飲料水などを口にすることが多くなります。とりすぎると、おなかを冷やしたり、甘い物でおなかがいっぱいになって食事が食べられなくなってしまったりすることも。冷たいおやつについては、子どもと約束事を作りましょう。アイスは一日１個とか、ジュースは散歩のときだけなど、とり過ぎない習慣作りが大切です。

P060_04

スナック菓子はほどほどに

スナックとは、英語でおやつや軽食のこと。スナック菓子は、主に炭水化物（とうもろこし、小麦粉、いもなど）を油で揚げて作られ、高カロリー、高油分、高塩分と３拍子そろった、食べ過ぎに注意したい食品です。スナック菓子でおなかが満たされてしまうと、昼食や夕食が食べられず、栄養が偏ってしまうのも問題です。子どもには、袋ごとではなく小分けにして与えるなど、大人が食べる量をコントロールしましょう。

P060_05

おすすめのおやつ

子どもにとっておやつは１回の食事と同じくらい大切。砂糖を多く含んだ物やスナック菓子は消化吸収が速いため、体内で脂肪に変わりやすいのが難点です。理想は、吸収が緩やかで、ビタミン、ミネラル類もとれるおやつ。ふかしいも、果物、おにぎりなどの他、砂糖の量が把握できる手作りの物がおすすめです。おやつに乳製品を取り入れれば、カルシウムの補給にも。飲み物は無糖のものがよいです。

P060_06

手伝い

お手伝いのススメ 盛りつけで野菜を好きになろう

野菜が苦手、という子どもが多いですが、盛りつけのお手伝いをして野菜嫌いを克服しましょう。主菜のお皿に肉や魚、卵類を盛るとき、「仲よくしようね」と言って、トマトやキャベツ、にんじんなど、子どもが苦手とする野菜を、付け合わせにして添えましょう。また、豚汁やカレーライスなどに嫌いな野菜が入っていても、「お友達がいっぱいで楽しいね」と声かけをして盛りつけると、子どもの苦手意識が変わっていきます。そんな会話を楽しみながらお手伝いをすることがポイントです。

P061_01

お手伝いのススメ 配膳で食事のルールを実感

配膳は、子どもが最初にできるお手伝いであると同時に、食事のマナーを自然に身につけることにもつながります。例えば、箸先を左側にして置くのは、右手でスムーズに取れるようにするため。ごはん茶わんを左に置くのは、左手で茶わんを持って食べるため…など、食べるときのルールやマナーを実感しながら、理解できるのです。また、お父さんには大きな茶わん、小さな自分には小さな茶わんなど、自分に合った量も知ることができます。このように「お手伝いは楽しく食べるための準備」ということを知ると、進んでできるようになりますね。

P061_02

お手伝いのススメ お片づけできるかな

片づけは、子どもが一番嫌いで苦手とするお手伝いです。初めは、片づけをがんばれるように、子どもの好きなキャラクターがついた茶わんや皿などを使うのも効果的です。食べ終わったとき、「お皿の○○が応援してるよ」のひと言で、子どもはがんばれるでしょう。食事は日常生活の基本ですので、これをきっかけに、おもちゃの片づけも上手になることがあります。上手にできたときは、たくさんほめるようにし、片づけが楽しくなるようにサポートしましょう。

P061_03

お手伝いのススメ 自立心が育ち、好き嫌いも減る！

お手伝いタイムは、親子のコミュニケーションの時間でもあります。楽しくお手伝いができれば、子どもは食卓を囲む部屋が好きになります。また、いろいろな食材や食器に触れることで、食への興味が深まり、自然と好き嫌いが減っていくことも。さらに、お手伝いをして「ありがとう」と言われると、子どもはうれしくなり、「次はなにをしよう」と考えて、徐々に自立心も育まれていくのです。楽しみながら始めてみましょう。

P061_04

食事の手伝いが感謝の気持ちやマナーを育む

買い物、調理、盛りつけ、配膳などの準備から、食後の片づけや食器洗いなど、家族の食事に関わる手伝いをさせてみましょう。幼児期に大切な、「家族の一員である」という実感が得られると同時に、食事が整うまでの手間を知ることで、作ってくれる人への感謝の気持ちも育まれます。このような暮らしが土台にあると、5歳頃には「楽しい食事」のための心配りができるようになります。それに伴い、自分の箸づかいや姿勢、会話といったマナーも客観的に見ることができ、直そうという心がけにもつながります。

P061_05

食べ終わったら自分で片づけを

食器を片づける習慣は、子どもが成長する過程で、家族や周囲の人を手本にしながら自然に身につけたいものです。1歳半頃からは、「おいしかったね。ごちそうさま」などと声をかけながら、持ちやすい器を1つ渡して、運ばせることから始めましょう。2歳半にもなれば自分から片づけられるようになりますが、あたたかく見守り共感するといった援助は、まだまだ必要です。「いっしょにお片づけしようか」と子どもに寄り添いながら、やる気を育てましょう。

P061_06

そしゃく・味覚

よくかむための言葉かけ

「モグモグ、カミカミ」と言っても、どうするのかがわからない子どもには、子ども自身の手で奥歯を触らせて「ここでカミカミするよ」と伝え、「かんだらどんな音がするかな？　どう、聞こえたかな？」「かんだらどんな味がしてきた？」などと、自分がしっかりかむことで感じる感覚を、言葉にできるように働きかけます。食べ物のかみごたえを楽しみながら、ゆっくりと味わって食べましょう。

P062_01

味覚を育み、かむ力をつける

嫌いな物を作らないためには、乳幼児期に味覚の情報を増やすことが大切です。さまざまな味を体験し、おいしさを知ることで、味覚は育まれます。同時に、かむ力をつけることが重要。よくかむと、だ液がたくさん出て消化吸収を助けるうえ、むし歯や歯列不正、肥満を予防し、知能の発達にもつながります。おやつに食べるバナナやゼリー、プリンを、りんごやせんべい、ナッツなどに替えたり、ごはんに麦や玄米を混ぜたり、おかずに生野菜やきのこ、海藻を取り入れたりして、かみ応えのある食事に。食べる意欲を大切にしながら、ゆっくりと取り組みましょう。

P062_02

幼児期の味覚の育て方

大人でも、初めて経験する味や歯応えに抵抗があるのは自然なこと。味覚は経験によって幅を広げるものです。幼児期のうちに、さまざまな味に触れるきっかけ作りをすることが大切です。農業体験に参加して、とれたての野菜を味わってみたり、親子で食材の仕込みや調理をする機会をもってもよいですね。味見の手伝いをお願いするというのも、身近なきっかけになります。

P062_03

和食で育む 健やかな味覚

幼児期に経験する味や食感が、将来の食の好みを決めるといわれます。これは、味覚のセンサーである「味蕾《みらい》」が成人よりも幼児に多いためです。濃い味や脂の味に慣れてしまうと、ファストフードや脂たっぷりの洋食がおいしさの基準となってしまいます。生活習慣病を防ぐためにも、脂が少なく、素材やだしのおいしさが味わえる和食で、健やかな味覚を育てたいですね。

P062_04

だしのうまみで味覚を育てる

わたしたち日本人には、甘味・辛味・苦味・酸味に加えて、“うまみ”という味覚があり、乳幼児期は、このうまみを育てていくとても大切な時期でもあります。例えば、かつおやこんぶ、いりこなどのだしをていねいにとると、うまみ成分の効果が素材そのもののおいしさを引き出してくれ、少しの調味料でもおいしい味わいになります。また、食材の水分で加熱調理し、できるだけ水を足さない工夫も、調味料を控えながらおいしく作るこつ。うまみが味わえる調理法も工夫してみましょう。

P062_05

子どもに苦味や酸味は必要？

人の味覚のうち、甘味・塩味・うまみは「生理的な味覚」、苦味・酸味は「精神的な味覚」といわれます。乳幼児には苦味や酸味は体への警戒信号（苦味＝毒、酸味＝腐敗）として拒否されるのが自然です。コーヒーやお茶を飲むなどの文化的・精神的な経験を重ねることで警戒が解け、味覚が豊かになっていきます。３～４歳ごろからは、野菜や魚のわた、梅干しなどの自然な苦味や酸味を体験させるとよいでしょう。

P062_06

食品添加物

食品添加物に注意!

保存料や着色料など食品添加物の多くは化学合成で作られています。なかには有害性が危惧されている物も。多量に摂取することは避けなければいけません。

また、長期的に同じ食品添加物をとり続けることで、健康に害を及ぼす可能性があると指摘されている物もあります。食品を選ぶ際は、食品添加物の有無に注意して選ぶようにしましょう。

P063_01

添加物はどの程度まで大丈夫？

添加物とは、国が安全と認めた、食品の加工や保存などに使われる物質をさします。近年、添加物が使われた加工食品が非常に増えています。一つひとつは安全な食品であっても、たくさんの種類をいっしょに食べる場合、どの程度まで摂取しても安全なのかは、まだまだ明確になっていないのが現状です。体の小さな子どもは、大人よりその影響を受けやすいので、とり過ぎないよう注意が必要です。できるだけ生鮮食品を選び、加工食品は原材料の表示を確認して、添加物が入っていない物や、添加物の数が少ない物を選びましょう。

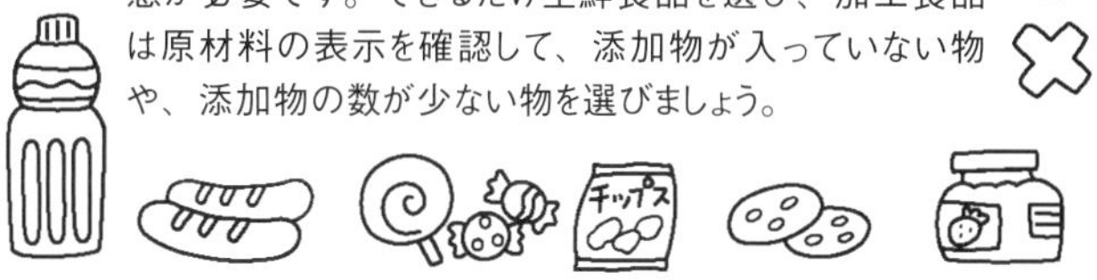

P063_02

食中毒予防

食中毒に注意

高温多湿となるこの時期は、食中毒を起こす菌が繁殖しやすくなります。回避するには、菌を「つけない、増やさない、殺菌する」が原則。お弁当を作るときには、しっかり手洗いをして調理器具を殺菌しましょう。おかずは、なまものを避け、容器に詰めたら、粗熱を取ってからふたをします。熱いままふたをすると、水分がこもって菌が繁殖しやすくなります。

P063_03

家庭でできる食中毒対策

この季節に気がかりなのが食中毒。子どもはまだ食中毒を引き起こす菌に対する抵抗力が十分ではないので、衛生管理には大人の注意が欠かせません。(1)買い物をするときは、消費期限を確認する。(2)冷蔵庫でなまものを保存するときは、ビニール袋などに入れ、他の物と区別する。(3)手洗いをしっかり行い、調理器具もこまめに洗う。(4)加熱調理が必要な食品は、必ずひと煮立ちさせる。(5)残った食材や料理は、早く冷えるように小分けにして保存する。家庭でもちょっとした対策をすることで、防ぐことができます。ぜひ実践してみてください。

P063_04

栽培

家庭菜園を始めませんか

野菜などの種をまいて水をやり、育てた命に感謝して食べることが、なによりの「食育」。自分で育てることで、苦手な野菜をおいしく食べられるようになることもあります。1週間で収穫できるスプラウトなど、手軽な物から始めるのがおすすめです。また、庭やプランターがなくても、根のついた青ねぎやサラダ菜のしんは、コップに入れておくだけで、葉先が伸びてきます。

P063_05

野菜の切れ端で“栽培”を楽しもう

水を5mmほど張った容器に、だいこん、にんじん、ごぼうの切り口を下にして入れると、新芽が出て葉が茂ってきます。さつまいもやじゃがいもは、芽の部分を残して水につけましょう。毎日水を取り替えて、清潔に保つのが栽培のポイント。家庭で手軽にでき、親子で新しい発見を共有できる喜びがあります。

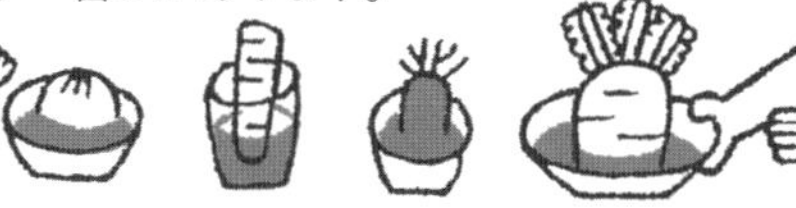

P063_06

親子クッキング

親子クッキングのすすめ

料理は、コミュニケーションやしつけの機会にもなります。年齢に応じて、できることに取り組みましょう。幼いうちから、食材の感触やにおい、調理の音、味など、五感を刺激される経験を重ねることで、料理への興味をもち始めます。また、包丁や火を使うことで、集中力が養われます。できあがったときの達成感や、自分で作った物を食べたときの感動は、自信や満足感、感謝の気持ちにつながります。

P064_01

親子でクッキングをするときは

親子でのクッキングは、調理法はもちろん、暮らしの知恵や工夫、食材の知識や季節感など、多くのことを吸収できる機会。ていねいに教え、うまくできたときはともに喜び、失敗したときは励ましたりいっしょに原因を考えたりしながら、子どもの意欲を育みましょう。包丁などは、3歳頃を目安に、安全に十分気をつけながらもたせます。5歳頃には、部分的な手伝いだけでなく、料理の完成をイメージしながら、仕上げまで子どもに任せてもよいですね。

P064_02

家族でクッキング「カリカリピザ」

ホットプレートを囲んで、作りながら食べられる「カリカリピザ」なら、家族みんなで楽しめます。

1 たまねぎ、ピーマンを粗いみじん切りにし、ウィンナーソーセージは輪切りにする。

2 塩・こしょう、ケチャップで調味し、ピザ用チーズを入れて、全体をよく混ぜる。

3 ホットプレートに、ぎょうざの皮を重ならないように広げ、その上に **2** を載せて、ふたをして焼く。

4 チーズが溶けて具材に火が通ったら、ふたをとり、カリカリになるまで焼いたらできあがり。

P064_03

家族でお好み焼きクッキング

休日には家族みんなで作って食べられる、具だくさんのお好み焼きはいかがですか。（材料：4人分＝長いも120g、キャベツ160g、にら160g、卵4個、小麦粉160g、桜えび大さじ8、豚もも肉80g）❶長いもはすりおろし、キャベツは5mm角、にらは1cm幅に切る。❷卵を割りほぐして水大さじ4弱と混ぜる。❸小麦粉に❶の長いもと❷を合わせ、キャベツ、にら、桜えびを加える。❹鉄板に油大さじ1を熱し、❸を流して丸く形作る。豚もも肉をその上に広げて載せ、中火で2～3分、裏返して2～3分、中まで焼く。❺中濃ソース、かつお節、青のり、お好みでマヨネーズをかける。

P064_04

親子で おにぎりを作ってみよう

2歳半を過ぎると、両手を使って丸い形を作る力がついてきます。大人が少し援助をして、おにぎり作りにチャレンジしてみましょう。初めは、ぽろぽろとこぼれないよう、ラップフィルムを使って作るのがおすすめ。ごはん茶わんにラップフィルムを敷き、ごはんを包んで、ひとねじりした物をにぎります。ごはんの量は子どもの手に収まるよう加減しましょう。

P064_05

親子で手打ちうどんに挑戦！

手打ちうどんは、どんな仕上がりになっても大成功。家族みんなで作るのがなによりの楽しさです。薄力粉と強力粉を各150g（中力粉なら300g）に、ぬるま湯125cc、塩大さじ半分を加えて軽くまとめ、30分寝かせてからよくこねます。このとき、丈夫な袋に入れて足で踏めば、よりこしのある麺に。生地を伸ばして切り、湯がいたらできあがり！　こねる、伸ばすなどは、子どもにもできる工程です。

P064_06

その他

地元でとれた食材を食べよう

地域でとれた物を地域で消費する、「地産地消」が見直されています。とれたてで新鮮な旬の食材は、栄養価が高いのが特徴です。最近では、子どもたちが地元の農業や農作物を身近に感じられるように、学校給食でも地域でとれた農作物を利用する活動が始まっています。家庭で取り組むなら、子どもといっしょに畑を見に行ったり、買い物に行ったりするとよいでしょう。スーパーでは生産者の顔写真が見られる物もあります。旬の食べ物やその土地の特産品について、新鮮な食材を手に取って、たくさん話す機会を作りましょう。

P065_01

有機野菜って普通の野菜とどう違うの？

野菜の包装やラベルなどで見かける「有機JASマーク」。有機野菜であることを見分ける印です。有機野菜とは、2年以上、禁止された化学肥料・農薬を使用していない土で、遺伝子組み換えの種苗でないこと。また栽培においても、原則として化学肥料・農薬を使用せずに土のもつ力を生かして作られた野菜のことをいいます。健康な土に住む菌や微生物の分解力を利用して栽培されるため、ミネラルなどの栄養価も高く、うまみのある野菜が育つといわれています。

P065_02

子どもの心に刻まれる、大切にしたい「ごちそう」

日常の食生活には、家族の団らんや食文化の伝え合いなど、大切にしたいことがたくさんあります。それに加え、家族の記念日や季節・伝承の行事、地域の行事などに伴う、「ごちそう」の機会も大切にしましょう。大人がいそいそと準備をしている特別な空気は、子どもの期待感を育み、鮮明な体験として心に刻まれていきます。“いつもと違う”ことが子どもにとって、すでにごちそうになっているのです。

P065_03

命をいただくことについて

食材の生きている姿や変化を見せることで、命をいただくということを伝えてみましょう。例えば、食べたあとの種は土に植えると芽が出ることや、にんじんやだいこんの切り口を水につけると芽吹くことなど、見たり、触れたり、香りをかいだりして五感で感じることで、子どもたちは食材の命を実感することができます。また、「牛乳はうしのお母さんのおっぱいのおすそ分け」など、命を分けてくれる動物のおかげで、自分たちが大きくなれることも話してみましょう。

P065_04

伝えたい郷土料理

「郷土料理」というと、難しく聞こえますが、地域でとれる食材を使った、昔ながらの料理のことです。汁物や煮物、炊き込みごはんなど、全国各地にさまざまな種類がありますが、漬物のように長期保存の工夫から発展した物が多いといわれています。各地の気候風土や暮らしに合った独自の調理法が、郷土料理となっているのです。

行事や節句にいただく物には、その土地の食文化が現れていることが多いので、子どもといっしょに探して、楽しみながら伝えていきましょう。

P065_05

「4つのお皿」ってなあに？

日本の伝統的な食事は、「主食・一汁・二菜」の形式。この4種類がそろうと、自然とバランスのよい食事になります。子どもには、「4つのお皿」と話すと、わかりやすいでしょう。ごはんは左の手前、汁物は右の手前、主菜は右の奥、副菜は左の奥に置きます。この配置なら、右手で箸を持ち、左手で茶わんを持つという食べ方を、スムーズに教えることができ、また、汁物・ごはん・おかずと、順番に食べる食べ方も、いっしょに教えられるメリットもあります。言葉かけひとつで、配膳や食事のマナーが楽しく覚えられます。

P065_06

食育
健康
安全

搾乳した母乳を預けるとき

できるだけ母乳で育てることをすすめていますので、園では搾乳した母乳をお預かりしています。その際、以下のことにご注意ください。

◯搾乳後、室温25℃で4時間以内、冷蔵庫で24時間以内の母乳。
◯冷凍の場合は、搾乳して30分以内の母乳を冷凍する。
◯母乳パックにお子さまの名前、搾乳した日付け、時刻、量を記入する。

○○○○
cc

P066_01

母乳は欲しがるときに欲しがるだけ

母乳は、赤ちゃんが欲しがるときに欲しがるだけあげるという自律授乳がよいとされています。母乳は消化がよく、胃内停滞時間はミルクの約半分の90分程度なので、どうしてもおなかがすきやすくなります。ですから、すぐ欲しがるのはおっぱいが足りないから? という心配は無用。どんどん吸っておっぱいが空になることで、次のおっぱいがよりたくさん作られます。1日7～8回以上の頻回な授乳は、母乳分泌を促す効果が高いといえます。

P066_02

卒乳と心の成長

卒乳のタイミングとしては、離乳食の移行が完了するころ（18か月）までが目安です。離乳食がしっかり進むと、おっぱいに頼らなくても満腹感が得られるようになります。また、それまで乳首を吸うことでスキンシップやコミュニケーションを図っていたのが、揺らし遊び、歌・手遊び、絵本の読み聞かせなどの楽しい経験で心も満たされます。このような関わりが「楽しいな、もっと遊ぼう」という意欲を育て、人と関わることの楽しさを身につけていきます。

パクパク

P066_03

ミルクを扱うときの注意

調乳前には必ず手を洗いましょう

MILK

粉ミルクは正確に測りましょう

ミルクの飲み残しは処分しましょう

MILK
1カ月以内

粉ミルクは開封後1カ月以内に使いきりましょう

MILK

P066_04

授乳のポイント

いっぱい飲んでね
15~20分を目安に授乳する
ゆったりと話しかける
赤ちゃんと視線が合うように抱く
疲れない姿勢で授乳する工夫をする
赤ちゃんの手が哺乳瓶に触れるように手を添える

P066_05

離乳食を始める時期

4か月頃からスプーンやおっぱい以外の物に慣れるための練習として、重湯などを1さじ、2さじと試します。そのうちに大人が食べているのを見て口をモグモグさせたり、よだれが出たり、欲しそうに身を乗り出したりする姿が見られるようになったら、離乳食の始めどきです。5～6か月ごろを目安とし、遅くても7か月は過ぎないようにしましょう。7か月になると口の中が敏感になり、初めての物を受け入れにくくなることがあるからです。

P067_01

離乳食の進め方

準備期（4か月）はスプーンやおっぱい以外の物に慣れる時期。初期（5～6か月）は1回食で、ドロドロにしたものを飲み込みます。中期（7～8か月）は2回食。上あごと舌で押しつぶしながら飲み込みます。この時期にたんぱく質も与え始め、薄い塩味をつけます。後期（9～ 11か月）は3回食。歯ぐきでつぶしながらさまざまな味や感触も楽しみます。ここまでの離乳食は毎食ミルクとセットですが、移行食（12 ～ 18か月）のころは1日3回の食事とおやつで十分になります。

P067_02

離乳食をいやがるときは

離乳食をあまり食べない。そんなときは、無理強いせずにミルク以外のものを初めて口にする赤ちゃんの気持ちに添いながら、何がいやなのか様子を見ます。スプーンの材質に違和感があるのか、口に入ってくるタイミングが合わないのかもしれません。赤ちゃんが自分から食べたいと思えるような介助を考えましょう。食べないことを大人が心配していると赤ちゃんも不安になります。やさしく声をかけながら楽しい食卓を用意しましょう。

P067_03

P067_04

P067_05

P067_06

P067_07

P067_08

P067_09

P067_10

幼児食への移行

1歳の誕生日を迎えるころには大抵の物が食べられるようになりますが、1歳半ごろを目安にゆっくりと幼児食へ進めましょう。食べさせてもいいか迷う食材は「おなかの機能は24か月までは赤ちゃん」を基本に判断すると間違いありません。消化の悪い物、刺激の強い物、味の濃い物はまだまだ控えましょう。そうしながら食べ物の幅を広げていく時期です。旬の食材など積極的に取り入れた豊かな食体験が「食べる意欲」を育みます。

P068_01

おいしく味わう幼児食

楽しく食べられること、「おいしい」と味わえることが何より大切なこの時期には、本物の味を知ることが必要です。「うまみ」という繊細な味わいがわかる日本人の味覚のベースは、だしにあります。幼児の食事こそ本物との出会いの場にしたいですね。また、見た目にもおいしそうだったり、シャキシャキ、ポリポリ、などいろいろな食感が楽しめたりできるような盛り付けやメニューも工夫しましょう。

P068_02

遊び食べ…なぜそうなるのか考えてみましょう

「遊び食べ」は途中で遊びが入り食事が進まない様子をいい、好ましくない状態ですが、そうなるには理由があります。おなかがすいていない、苦手な食べ物がある、ほかにしたいことがある、などです。その状態を叱るのではなく、子どもの思いをくみとり、十分におなかがすいた状態で食卓を囲むことが大切です。その上で「食卓は食事や会話を楽しむところ」であり、遊ぶのは「ごちそうさま」をしてからなどのけじめを伝えましょう。

P068_03

子どもの「好き！」に共感しましょう

嫌いな物をなんとか食べさせようと無理強いすると、本当の「嫌い」にしかねません。1〜2歳のころは「好き」という気持ちに十分に共感することや、子どもが苦手な物を大人がおいしく食べる姿を見せることが、「食べてみよう」という意欲につながります。3歳になったら「おなかを元気にしてくれる」「バイキンをやっつける」など自分の体にとって必要な理由を知ったり、クッキングを経験したりすることが「食べてみよう」という意欲につながります。

P068_04

おやつは4番目の食事です

1〜2歳児にとっておやつは「4番目の簡単な食事」と考えます。成長や運動量に見合った食事が3回の食事ではとりきれないので、昼食と夕食の間にもう一回補うという意味合いです。とはいっても1食分作るほどのことはありません。おにぎりやふかしいも、野菜を使った腹もちのよいもの、3食ではとれなかったものなどを中心にしましょう。甘いものやお菓子は食事代わりにはせず、「たまのお楽しみ」にしましょう。

P068_05

1・2歳児におすすめおやつ

ごはん類
のり巻き
おにぎり
おもち
うどん
お焼き
いも類
焼きいも
干しいも
ふかしたじゃがいも
豆・種子類
栗
枝豆
干しぶどう
干しプルーン
フルーツ
りんご
みかん
バナナ

P068_06

乳児が使いやすいスプーンの選び方

1歳を過ぎた頃から、子どもはスプーンに興味をもち始めます。選ぶときのポイントは、口に入れるだ円形の部分が、子どもの口の1/3 ～ 2/3の大きさであること。柄の部分は、長すぎず、子どもがギュッと握って使える形の物を。初めは柄の部分に少しカーブがついた物が食べやすいでしょう。1歳で上から持つ「上握り」、1歳半を過ぎた頃から「鉛筆握り」へと変わっていきます。年齢や成長に合わせて、使いやすいスプーンを選びましょう。

P069_01

手づかみ食べも大事な成長

7か月前後になると食べ物に手をのばし、つかんだ物を口に運ぼうとし始めます。このころの手づかみの体験が「自分で食べたい」意欲を育てます。持った物の感触からその重さや軟らかさをはかり、力の入れ具合を調整したり、手のひら、指の腹、指先の使い分けを学習したり、口への運び方を工夫したりとさまざまな力を獲得します。自分で思うように食べられる自由の獲得ほどうれしいことはありません。たっぷり手づかみした手はスプーンをうまく使える手にもなります。

P069_02

安定した姿勢で食べられるようにしましょう

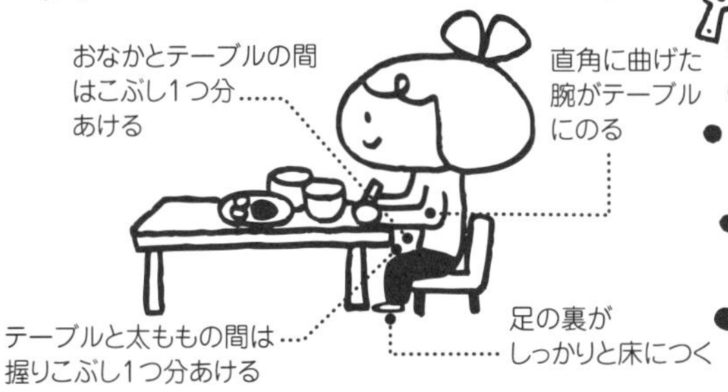

おなかとテーブルの間はこぶし1つ分あける
直角に曲げた腕がテーブルにのる
テーブルと太ももの間は握りこぶし1つ分あける
足の裏がしっかりと床につく

P069_03

食器類は子どもにあった物を

手づかみのころは、食べ物をつかみやすいように平たく大きな皿が向いています。スプーンを使い始めたら、ふちが垂直で食べ物をすくいやすい器がよいでしょう。コップで飲めるようになったら、持ち手がなく両手でしっかり持てる大きさの物を用意します。材質は陶器、陶磁器、磁器など一定の重量感と温かみがある物がおすすめです。ごはん、おかず、汁物をそれぞれに盛り付け、順番に食べる習慣も育んでいきましょう。

P069_04

食事のマナーは幼いときから

食事のマナーは決まりを守ればよいのではなく、「みんなで食べると楽しい」という実感を持てる食卓にするためにはどうすればよいのか考え、行動できるようになることが最終的な目標です。そのためにも食事の前と後にはあいさつをして区切りをつけましょう。

「いただきます」というあいさつには、分けてくれた命をいただきます、作ってくれた人に感謝しますという意味が込められていることを伝えましょう。

P069_05

笑顔で食卓を囲みましょう

食卓や食事をする部屋の環境は、食べる意欲に直接関わる大切な要素です。食器、手ふきタオルを整え、花を飾ると素敵です。こぼしたらその都度「きれいにしようね」と声をかけながら拭き取り、こぼすことが多い場合は、床にシートや使い捨てられる紙などを敷いておけば、落ち着いて食べられます。大人の笑顔がなによりよい環境をつくります。

テレビは消して、五感をフル稼働してより豊かに味わえるようにしましょう。

P069_06

クッキングに挑戦

2歳になり、両手を使って1つのことができるようになると、クッキングを楽しむことができます。調理の一過程を手伝うだけではなく、自分の手で食べる物が作れる体験として取り組めるとよいでしょう。3行程くらいのメニューなら、でき上がりまでが早いので子どもたちも集中できます。そして、でき上がったら時間を置かずにすぐに食べることも大切です。満足感と達成感で笑顔いっぱいの楽しい時間となるでしょう。

P070_01

2歳児向けクッキング
ふりかけを作ろう

すり鉢とすりこぎで、子どもたちが大好きなふりかけを作りましょう。

①しらす干し、削り節、塩をそれぞれフライパンで空炒りしておきます。

②しらす干しと削り節が冷めたらそれぞれをすり鉢に入れてすります。

③②と塩、ごま、青のりをよく混ぜ合わせてでき上がり。

このふりかけに、しそ、梅、わかめ、鮭、たらこなどを加えると違った味が楽しめます。

P070_02

子どもにとっての楽しい食事

子どもにとって楽しい食事とは、食べさせられる、あるいは食べなければならない食事ではなく、自分で決めて食べることにあります。自分でごはんをよそう、おかずの盛り付けをする、おかわりは自分で選んでよそうなどです。ちょっと苦手そうな青菜の料理は別皿に盛り付け、「食べられるだけどうぞ」と子どもの判断に任せます。好きな物だけに偏るのではという心配は不要です。子どもを信じて長い目で見ましょう。

P070_03

味や食感を言葉にし合って

食事のときはその日の料理についても話題にして、材料になにが入っているか当てたり、味を見分けたり、食べたときの歯ごたえや音を確かめたりしましょう。
例:「今日のみそ汁は、いつもと違うおだしです。なにかわかるかな」「ちょっと大人の味だけど食べられるかな」「初めてのたけのこ、食べたらどんな音がするかな」「おいしくなるようにセロリを入れたけど、どれかわかるかな、見つけたら教えてね」

P070_04

かむ力のつけ方

かむ力をつけるために、まず大切なのは離乳食のとり方です。唇で食べ物を取り込めるようにしてあげると、歯ぐきや歯でかみ、舌でのどの奥に送るようになり、確実にかむ力がついてきます。子どもの口の奥の方に食べ物を入れてしまうと、かまずに飲み込むしかなくなるので注意しましょう。2歳児以上は、「きゅうりを食べるとどんな音がする?」などと声をかけながら、かむことの楽しさを伝えましょう。

P070_05

食べる意欲を育てましょう

おっぱいやミルクしか飲めなかった赤ちゃんが、離乳期から少しずつ食べ物を取り込むことを覚え、いろいろな物を自分で食べて食の幅を広げていきます。新しい食材との出会いや、ワクワクドキドキするような体験が食べる意欲につながります。子ども自身が「食べてみよう! 食べたい!」と思わない限り、口には運べません。食事を楽しむ大人の姿、食べながら仲よく過ごす大人の姿がなによりの食育です。

P070_06

PART 2

健康

おたより文例&イラスト

春（4・5・6月）の健康

毎朝の元気チェック

小さな子どもたちは、身体の異常を自分で伝えることができません。朝、子どもたちが起きたらだっこをしたり着替えをしたりしながら、体調や機嫌のチェックをしましょう。熱や嘔吐・下痢、湿しん・発しんはないですか？ 鼻水やせきは出ていませんか？ 顔色・機嫌は？ 食欲はありますか？ 小さな子ほど症状が悪化しやすいものです。毎朝触れ合いながら「見て」「触って」確認をお願いします。休むほどではないけれど、どこか調子が悪いときは必ず担任にお知らせください。園でもていねいに様子を見ていきます。

P072_01

「早寝・早起き・朝ごはん」で元気！

新学期が始まりましたが、朝の生活リズムを整えられていない子が多く見られます。朝、慌てて家を出ると、忘れ物をしたり、園で腹痛や貧血を起こしたり、居眠りをしたりすることにつながります。子どもたちは、まだ10時間程度の睡眠が必要な年齢です。ご家庭では「早寝・早起き・朝ごはん」を心がけていただけたらと思います。規則正しい睡眠、そして快便。朝食と歯磨きの時間もゆったりとって、ゆとりをもって登園できるよう、お願いします。

P072_02

身体測定があります

子どもたちの健康状態や栄養状態を知るために、身体測定をします。ミルクから離乳食に進むと、体が大きくなり、運動量も増えてきます。身長、体重、胸囲を測ることで一人ひとりの成長や変化を知り、より健康で楽しい園生活が送れるようにしていきたいと思います。子どもたちの成長をいっしょに喜び合いましょう。当日は、衣類を脱ぐことがありますので、記名を忘れずにお願いします。

P072_03

外遊びを楽しみましょう

戸外で遊ぶのが気持ちよい季節です。安全な広い場所で自由に遊びましょう。あるときは固定遊具が充実している公園へ、あるときは思いきり走り回れる広場がある公園へなど、目的をもって出かけるのもよいですね。追いかけ遊びが好きな時期、段差を跳ぶのが好きな時期と、運動能力の発達に応じてやりたいことも変わっていきます。1つ楽しいことができれば、子どもにとっては十分魅力的な場所となります。

P072_04

衣替え

6月は衣替えの時期、四季に恵まれた日本での暮らしの知恵です。子どもは体温調節機能が未熟なため、肌寒いときは1枚多め、暑そうなときは1枚少なめに着せるのが目安です。いつから夏物を着るという線引きではなく、季節の移り変わりを肌で感じながら、その日の気温や天気に合わせて衣服の調整をしましょう。

P072_05

梅雨の季節の子どもたち

窓におでこをくっ付けながら、園庭を眺めている子どもたち。雨の日が続き、外で遊べないストレスがたまると、トラブルも多くなるものです。そこで、外に出られなくても、ホールで体を動かしたり、室内でいろいろなコーナー遊び（ままごと、なぐり描き、手先を使った遊びなど）をしたりして、十分に楽しめるようにしています。そして、梅雨の晴れ間には思い切り外で遊びます。子どもたちは、「待ってました」とばかりに靴を履いて、砂場などに走っていきます。

P072_06

子どもの肥満防止 生活のなかで気をつけたいこと

成長のためにしっかり食べることはとても大切ですが、最近では子どもの肥満も問題になっています。食べ過ぎと運動不足が大きな原因といえ、日々の生活と食習慣が影響を与えています。肥満防止のポイントは、(1) しっかり朝食を食べる。(2) 早寝・早起きの規則正しい生活をする。(3) 野菜をたっぷり食べる。(4) おやつは時間と量を決めて食べる。(5) 体を動かすあそびをする。これらに気をつけながら、成長に必要な栄養をとるようにしましょう。

P073_01

子どもの「肥満・痩せすぎ」

幼児期の肥満は、成長してから糖尿病にかかりやすくなるなど、将来的な生活習慣病の原因を作ってしまいます。逆に、痩せすぎは、貧血や骨粗しょう症など体の成長に影響します。しかし子どもによって、食欲やその適量には個人差があるもの。基準より体が小さい、大きいからといって一喜一憂せず、極端な食事制限をしたり、食べることを強制したりするのは避けましょう。むしろ、どちらも不規則な食生活や偏った食事、運動不足が大きく影響していますので、大人が手本になって規則正しい生活習慣を送ることが大切です。

P073_02

子どもにもできる ウンチで健康チェック

ウンチは毎日の健康状態を教えてくれる大切なバロメーターであり、体が危険信号を出していることも教えてくれます。子どもたちに伝えるときには、「野菜を食べず、肉やお菓子ばかり食べていると“かちこちウンチ”、冷たい物を食べすぎると “ドロドロウンチ”、家でテレビばかり見ていると“ヒョロヒョロウンチ”。元気なウンチは、黄色っぽい茶色で、においも少なくて、バナナのような形をした“きらきらウンチ”」などと言うとわかりやすいでしょう。よいウンチが出たときは、「気持ちいいね」と言ってたくさんほめてあげると、子どもの意識も高まります。

P073_03

便秘解消は朝が勝負!

便秘がちな子どもが増えています。便秘を解消するには、朝の過ごし方がとても大事。まずは朝ごはんをしっかり食べること。特に穀類を多めにします。いっしょに、きのこや野菜がたっぷり入った具だくさんの汁を飲むと、朝の腸が活発になります。汁物に、乾燥食品である切り干し大根や、干ししいたけを入れると効果倍増!また、10分早く起きて、ゆっくりトイレに入る時間を作ることも大切です。さあ、あしたからがんばってみましょう!

P073_04

ごはんの前には 手を洗おう!

食前の手洗いが習慣化すると、流水の刺激によって「今から食事だ」と体が感じるようになります。手洗いには、衛生面に加え、食事に備えて体に消化吸収の準備をさせるという意味もあるのです。だから、たとえ自分の手を使って食事をしない離乳食初期の子どもでも、食前の手洗いは欠かせません。初めてのひとさじを口にする離乳食の時期から、手を洗う習慣をつけることが大切です。

P073_05

リズムよく手洗いしよう

手洗いは、いろいろな病気やばい菌からわたしたちを守ります。そこで、正しい手洗いをしっかり覚えましょう。「あわあわブクブク、手指をしゅっしゅっ」というかけ声で毎日の楽しい習慣に。リズムよく手洗いすることで、自然に身についていきます。誰かのまねをしたがる2〜3歳児には、大人がわかりやすく手本を見せながら、いっしょに洗います。上手にできると自信をもつ4〜5歳児は、隣で見守ってたくさんほめてあげましょう。

SOAP

P073_06

食育
健康
安全

歯を大切に

６月４～10日は、「歯と口の健康週間」です。虫歯予防のためには、歯磨きの習慣が大切です。特に、乳歯は虫歯になりやすく、進行も早いといわれています。子どもたち自身で意識して、朝、食後、就寝前の歯磨き習慣がつくように声をかけてあげてください。仕上げ磨きをしてあげると、保護者の方とのスキンシップにもなり、子どもたちにもうれしい時間です。上手に磨けたときは、カレンダーにシールを貼っても楽しいですね。

P074_01

6月4～10日は歯と口の健康週間

食べたらすぐに歯を磨く習慣を

虫歯菌が糖類をえさにして酸を発生させて、歯を溶かしていくのが虫歯です。だ液の質と量や、虫歯菌の数、糖類の量と滞留時間、歯の質、歯磨きの回数や方法が関係しています。ブクブクうがいができるようになる２歳くらいからは、自分で歯磨きをしたあと、大人がブラシで仕上げてあげるとよいでしょう。食後の歯磨きを習慣にしていきましょう。

P074_02

歯磨きタイムを楽しくする方法♪

毎日、楽しく歯磨きできていますか? 子どもが自分からできるよう、歯磨きの時間を楽しくしましょう。例えば、磨く前に歯磨きの歌をうたったり、ぬいぐるみを使って、上手に歯磨きをするお話をしたり、歯磨きをテーマにした絵本を読むのもおすすめです。まずは、子どもが歯磨きに興味をもつ環境作りをすることがポイントです。楽しい歯磨きタイムなら、子どもたちは自然に歯ブラシを持つようになるでしょう。

P074_03

胃腸の働きを助ける、大事な食後の時間

食事が終わると、すぐ子どもたちは遊びに出たがりますが、食後は胃腸が活発に働く大事な時間。会話を楽しみながら食事をしたあとも、子どもがその場を離れたくないような楽しい食卓にして、体を休めさせたいですね。お茶を入れたり、果物を切ったりして、落ち着く時間を過ごせるようにしましょう。子どもに手伝ってもらったり、お話をしてもらったりするのもおすすめです。

P074_04

歯を
磨きましょう

P074_05

月　日から衣替えです

P074_06

園医の先生を紹介します

P074_07

はしか（麻疹）

＊原因
麻疹ウイルスによる感染症で、潜伏期間は1～2週間。感染力が強い病気です。

＊症状
せき、くしゃみ、鼻水などかぜのような症状と、高熱が2～3日続きます。熱がいったん下がり、再び上がり始めると赤い発疹が顔、胸、腹、手足など全身に広がります。病気の後半には強いせきが出て、発疹が赤から茶色、黒っぽい色へと変わっていきます。

＊対応
医師の診断を受け、こまめに水分をとって安静にします。熱が完全に下がってから3日間は登園停止です。

P075_01

水ぼうそう（水痘）

＊原因
水痘ウイルスによる感染症で、潜伏期間は2～3週間。感染力が強い病気です。

＊症状
腹部や頭部に赤い発疹（水疱）があらわれ、3～4日で全身に広がります。発疹はやがてかさぶたになってはがれ落ちます。
発熱は、する場合としない場合があります。

＊対応
抗ウイルス内服薬や塗り薬が処方されます。
発疹はなるべくかきこわさない方がいいでしょう。発疹がかさぶたになるまで登園停止です。

P075_02

風疹（三日ばしか）

＊原因
風疹ウイルスによる感染症で、潜伏期間は2～3週間。軽いはしかに似ています。

＊症状
38℃前後の発熱と、全身に小さな赤い発疹があらわれます。首や耳の下、わきの下のリンパ腺がはれるのも特徴です。熱、発疹は2～4日ほどで治まります。

＊対応
発疹がかゆい場合は、かきこわさないようにかゆみ止めを処方してもらいます。発疹が消えるまで登園停止です。

P075_03

おたふくかぜ

（流行性耳下腺炎）

＊原因
ムンプスウイルスにより耳下腺が炎症をおこす感染症です。潜伏期間は2～3週間。

＊症状
両耳のうしろの下（片方だけのこともある）がはれ、痛くなります。38℃前後の熱が出ることもあります。はれは1週間前後でひきますが、口を動かしたときに痛むので、食事がとりにくい場合があります。

＊対応
熱や痛みを抑える薬が処方されます。まれに髄膜炎や難聴を発症することがあるので、安静を保つことが大切です。

P075_04

すり傷・切り傷の手当て

元気いっぱいに遊ぶ子どもたちの小さなすり傷や切り傷は日常茶飯事です。転んでできた程度のすり傷の場合は、傷口の汚れを流水でよく洗い流し、消毒の後ばんそうこうなどで傷口を覆うのが基本です。出血がひどい場合や傷が深い場合は、清潔なガーゼなどを傷口に押し当てて急いで病院へ行きましょう。ガラスの破片や古いクギでけがをしたときも応急手当の後、病院で受診しましょう。

P075_05

溶連菌感染症

＊原因
溶血性連鎖球菌（溶連菌）という細菌による感染症です。潜伏期間は2～6日間。

＊症状
高熱が出て、のどが赤くはれます。全身に小さな発疹が出たり、舌にも赤いブツブツが出たり、目が赤くなることがあります。

＊対応
抗生物質で治療しますが、薬の服用は医師の指示に従い、途中で服用をやめないことが大切です。

P075_06

食育
健康
安全

夏（7・8・9月）の健康

紫外線にご用心

夏は、紫外線が強い季節です。強い紫外線を直接浴びないように、帽子や長袖の衣類、日焼け止めなどを上手に利用してください。特に、プールや海、山などに行くときは、大人が見守り、直射日光に長時間当たらないように、十分に注意しましょう。

また、夏の外遊びは、体力を消耗するので、水分補給や適度な休息も大切です。そして、食事や睡眠もしっかりとりましょう。暑い夏を元気に乗り切りたいですね。

P076_01

熱中症に気をつけましょう

梅雨の蒸し暑さが過ぎ、ジリジリと暑い夏本番がやってきます。この時期、特に気をつけたいのが熱中症です。乳幼児は体も小さく、自ら意思表示をして水分をとることが難しいので、脱水症や熱中症にならないよう、周囲の大人が気をつけましょう。熱中症は、炎天下だけでなく、湿度の高い室内でも起こり得ます。通気性のよい服を着せ、こまめに水分を与え、外出時にはきちんと帽子をかぶらせるなどしましょう。体調の変化に気をつけ、暑い夏を健康に乗り切りましょう！

P076_02

熱中症予防 水分はどんな物がよい？

乳幼児の体の水分の割合は、体重の70～80%といわれています。上がった体温を、汗をかくことで下げているため、こまめな水分補給が必要になります。子どもたちに一番適している飲み物は、水または麦茶です。イオン飲料は、塩分のとりすぎになることがあるので、気をつけましょう。また、ジュースは糖分が多くて満腹感もあるため、食事が食べられなくなる原因にもつながります。上手な水分補給で、熱中症を予防しましょう。

P076_03

水分のとり方に気をつけましょう

暑い季節、体は汗をかくことで、皮膚から熱を奪って体温を下げようと機能します。子どもたちは長時間汗をかいていても遊びに夢中で、のどの渇きに気づきにくいことがあります。①牛乳やジュースは消化に時間がかかるので避け、水かお茶をゆっくりと飲む。②飲み物は冷やし過ぎない。③一度に大量に飲まない。④運動の前後にこまめに水分を摂取する。という4つの点に注意して上手に水分をとりましょう。

P076_04

冷たい物をとり過ぎていませんか？

夏になると、おなかの調子が悪くなる子どもが増えます。消化吸収能力が未発達なところに、冷たい物を食べたり飲んだりする機会が増えることで、胃腸の働きが低下し、下痢などを起こしやすくなるのです。冷たい物は、とり過ぎないよう注意し、食事やおやつのときなどと時間を決めてとるようにしましょう。また、クーラーの温度を調整して、体を冷やさないように気をつけることも大切です。

P076_05

虫刺されの手当て

蚊やハチに刺されることが心配な季節になりました。蚊に刺された時、あるいは腫れが小さい場合は流水で洗い、かゆみ止めを塗ればよいでしょう。ハチや毛虫の場合、あるいは蚊でも腫れが大きくかゆみや痛みが強い場合には受診したほうがよいでしょう。スズメバチやクマバチなどに刺されると、呼吸困難や意識障害を起こすケースもあるので、注意が必要です。

P076_06

夏のお出かけ

ご家族で旅行やレジャーに出かける機会の多いこの季節。子どもたちの体調には十分に気を配りたいものです。子どもたちは、大人以上に休養が必要です。ゆとりのあるスケジュールを立てるようにしましょう。また、この時期「車の中に子どもを放置する」ことによる事故が多くみられます。たとえ2～3分であっても、絶対にしないようにしてください。ご家族でのお出かけは、子どもたちにとっても、きっと楽しい思い出になると思います。

P077_01

体の冷やし過ぎに注意

今年も暑い日が続いています。夏休み中は、大人に合わせた生活リズムになって、冷房の効かせ過ぎや冷たい物のとり過ぎで、体を冷やしてしまいがちです。そんなときこそ、規則正しい生活リズムを守り、温かい飲み物を飲むなどの配慮が必要です。

また、冷房の効いた家の中にばかりいないで、外で元気に遊んでいっぱい汗をかくことも大切。ゆっくり休養し、温かいお風呂に入ってから休むようにしましょう。

P077_02

水遊びの季節です

子どもたちの大好きな水遊び、どろんこ遊びの季節となりました。水、泥、砂に触れ、思いきり気持ちを発散し、暑い夏を楽しく元気に過ごしたいと思います。

プールに入れるかどうかは、プールチェック表で確認します。お渡ししているプールチェック表に毎日記入して、朝、提出してください。保護者のチェックがない場合はプールに入れません。

P077_03

早寝早起きで毎日元気！

小学生のお兄さんやお姉さんがいるご家庭では、学校が夏休みに入ることで、生活リズムが乱れることがあると思います。

生活リズムの乱れは、体の抵抗力を下げ、夏バテなどを引き起こします。体調が悪いと、機嫌も悪くなりがちです。

ご家庭では、「夕食・入浴・団らん・就寝までをリズミカルに」「絵本を読むなどして、遅くとも夜9時半までに寝かしつける」「朝は7時半には起きて朝ごはん」「朝8時45分までには登園する」など、生活リズムを整え、元気に夏を乗り切りましょう。

P077_04

真夏の夜も快適な睡眠を

○入浴して汗を流し、肌をさっぱりさせてから寝ましょう。
○クーラーや扇風機は、風が一度壁に当たるように調整します。風が直接体に当たらないようにしましょう。
○寝冷えをしないように、おなかにタオルケットなどをかけましょう。
○赤ちゃんの場合は寝入りばなに大量の汗をかきます。背中にハンドタオルをはさみ、寝入ったら抜き取るとよいでしょう。

P077_05

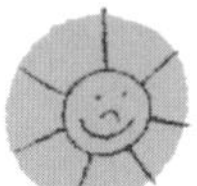

食欲がないときの料理術

食欲がないときは、にんにくやしょうが、梅、しそ、ねぎなどの香りの強い食材をとり入れてみましょう。食欲が増し、殺菌作用もあるうえ、消化、吸収も助けます。カレー風味の料理なども食欲をかき立ててくれます。また、食事をする部屋を外気温から5℃以内の範囲で下げると、食欲が出てくる場合も。環境設定も含めて工夫してみましょう。

P077_06

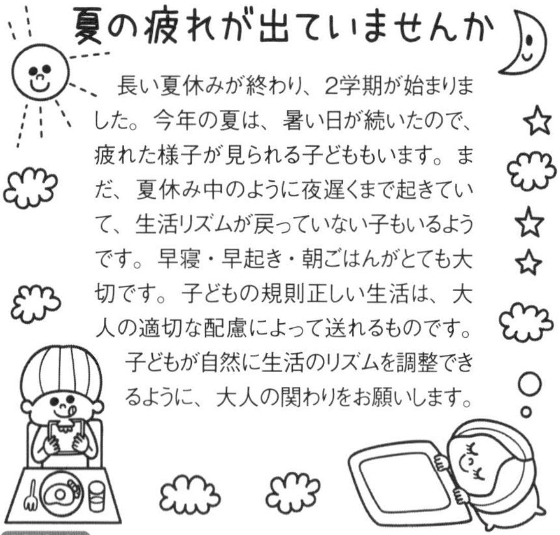
夏の疲れが出ていませんか
長い夏休みが終わり、2学期が始まりました。今年の夏は、暑い日が続いたので、疲れた様子が見られる子どももいます。まだ、夏休み中のように夜遅くまで起きていて、生活リズムが戻っていない子もいるようです。早寝・早起き・朝ごはんがとても大切です。子どもの規則正しい生活は、大人の適切な配慮によって送れるものです。
子どもが自然に生活のリズムを調整できるように、大人の関わりをお願いします。

P078_01

暑い夏を元気に過ごすポイント
エアコンは
27~28℃に設定
外では
帽子をかぶろう
食事はしっかり。
水分も
こまめに補給
毎日
体を
洗おう

P078_02

生活のリズムを取り戻そう
長い夏休みを終え、2学期が始まりました。残暑のなかでの生活に少し疲れた様子が見られます。まずは、早寝早起きを心がけましょう。そのためには、夜ダラダラとテレビを見てしまったり、食事の時間が不規則になってしまったりしないよう、気をつけることが必要です。朝起きたら、洗顔や朝食で脳を目覚めさせ、食後の歯磨きや排便を促すなど、毎日の生活習慣を見直して、生活のリズムを整えましょう。

P078_03

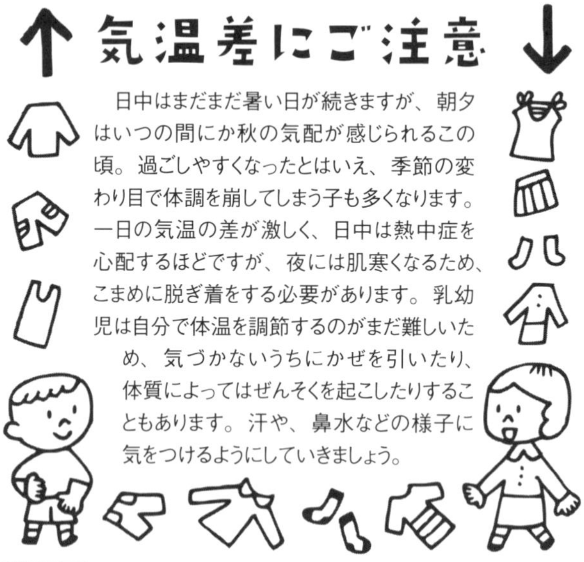
気温差にご注意
日中はまだまだ暑い日が続きますが、朝夕はいつの間にか秋の気配が感じられるこの頃。過ごしやすくなったとはいえ、季節の変わり目で体調を崩してしまう子も多くなります。一日の気温の差が激しく、日中は熱中症を心配するほどですが、夜には肌寒くなるため、こまめに脱ぎ着をする必要があります。乳幼児は自分で体温を調節するのがまだ難しいため、気づかないうちにかぜを引いたり、体質によってはぜんそくを起こしたりすることもあります。汗や、鼻水などの様子に気をつけるようにしていきましょう。

P078_04

規則正しい生活をしよう

P078_05

P078_06

UV

P078_07

P078_08

P078_09

1・2
3・4

P078_10

P078_11

ヘルパンギーナ

＊原因
コクサッキーウイルスによる感染症で夏かぜのひとつです。潜伏期間は2〜4日間です。

＊症状
高熱が出てのどの奥に水疱ができ、そのうちに潰瘍になります。痛みがひどいため飲み込みにくく、そのため水分が不足しがちになるので注意します。発病から2〜3日ほどで熱は下がり、のどの痛みもおさまります。

＊対応
熱やのどの痛みがあるうちは安静に過ごします。脱水症状に注意して水分をしっかりとり、食べやすい食事を用意しましょう。

P079_01

手足口病

＊原因
コクサッキーウイルスによる感染症で、潜伏期間は3〜5日間です。

＊症状
手のひらや足の裏、口の中などに赤い水疱ができるのが特徴です。破れて潰瘍になると痛みます。発熱することもあります。

＊対応
安静にしていれば自然に治ります。元気があれば登園できます。

P079_02

プール熱（咽《いん》頭《とう》結膜熱）

＊原因
アデノウイルスによる感染症で、夏かぜのひとつです。プールの水を介して感染することがあるため「プール熱」と呼ばれます。潜伏期間は4〜5日間。

＊症状
高熱とのどの痛みがあります。充血、涙目、目やになど結膜炎のような症状や、下痢、嘔吐、頭痛を伴うこともあります。

＊対応
熱や痛み、目の症状を抑える薬が処方されます。症状がなくなってから2日経過するまで登園停止です。

P079_03

皮膚科

水いぼ

＊原因
ポックスウイルスによる皮膚の疾患です。肌と肌との接触や、タオル、ビート板の共有などで感染します。

＊症状
1〜5㎜程度の肌色のいぼが、胸、腹、わきの下などを中心に全身に広がります。痛みもかゆみもないので、少量のうちは気づかないこともあります。

＊対応
特別なピンセットでいぼを取ることもありますが、自然に治るのを待つこともあります。いぼは、半年〜1年で自然に消えます。

P079_04

アタマジラミ

＊原因
アタマジラミが人の頭髪に寄生し、吸血してかゆみを引き起こします。ほかの人と髪の毛が触れ合うことで感染が広がります。

＊症状
頭皮を激しくかゆがるため、気づくことが多いようです。卵は長さ0.5㎜ほどの白色で、髪の毛にしっかりとくっついているため通常の洗髪ではなかなか取れません。

＊対応
アタマジラミ専用のシャンプーを使用し、目の細かいクシですき取るか、卵のついている髪の毛を切り取るなどして卵を取り除きます。感染を防ぐため、ブラシやタオル、シーツ、枕カバーの共有はやめましょう。

P079_05

はやり目（流行性結膜炎）

＊原因
アデノウイルスによる目とまぶたの炎症で、潜伏期間は1〜2週間。感染力が強く、プールの水やタオルの共有などで感染します。

＊症状
まぶたがはれ、白目が真っ赤に充血して痛み、涙が出ます。まぶたの裏に小さなブツブツができていて異物感があるため、目をこすります。耳のあたりのリンパ節がはれたり、発熱したりすることもあります。

＊対応
症状をやわらげるための薬や、別の細菌感染を予防する薬が処方されます。目をこすらないようにし、手はまめに洗います。

P079_06

秋(10・11・12月)の健康

目を大切に

10月10日は「目の愛護デー」です。「10」を2つ並べて横にしたときに眉と目の形に見えることから名づけられたそうです。乳幼児期はもっとも目の機能が育つ時期です。前髪が目にかからないようにしたり、汚れた手で目をこすらないようにしたりして、目に優しい生活を心がけましょう。また、長時間テレビを見たりテレビゲームをしたりすると、目は酷使されます。時間を決めるなどして、控えるようにしましょう。

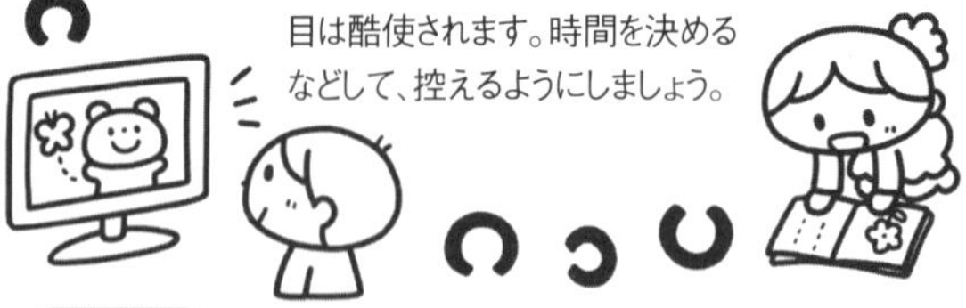

P080_01

目の愛護デー

10月10日は目の愛護デーです。人は生後2か月頃から物を注視するようになり、6歳くらいでだいたい大人と同じ視力になるといわれています。小さな子どもは目の病気にかかったり、視力に異常が生じたりしても、ほとんどの場合、自分から症状を訴えることはありませんので、大人が注意しておくことが必要です。目を細めて見るとか、横目で見るなど、いつもと違うと感じたら、早めに病院で診てもらうようにしてください。

P080_02

衣替えの季節です

10月に入り、朝夕は肌寒さを感じるようになりました。それでも日中はまだ暑いと感じる日もあります。季節の変わり目で体調を崩しやすくなりますので、その日の天候や子どもの体調に合わせて、衣服を調整しましょう。

ご家庭で衣服の入れ替えをされることと思いますが、その際、記名やサイズの確認もお願いします。

P080_03

食欲の秋！　おいしい物がありすぎて

ちょっと食べ過ぎかも？

「少し肥満気味？」と感じたら、カウプ指数を用いて発育状態を確認。カウプ指数とは、体重(g)÷身長（㎝）^{2}×10で示され、肥満の判定基準は年齢によって異なります。30以上の場合、特定の食品や甘い菓子類などの「ばっかり食べ」が続いているなら要注意。食生活の見直しが必要です。

P080_04

よく歩いて健康作り

朝夕涼しくなってきました。親子で散歩の機会をもってみてはいかがでしょう。歩くと全身の血液循環がよくなり、土ふまずも形成されます。土ふまずは足にかかる強い衝撃をやわらげるクッションの役割をしてくれる大切な部分です。土ふまずが形成されないと、長時間歩くときに疲れたり、転びやすかったりするといわれています。健康のためにもたくさん歩きましょう。

P080_05

丈夫な骨を作るためには

丈夫な骨を作るためには、❶牛乳やチーズ、小魚など、食事からカルシウムをとること　❷運動で骨に刺激を与えること　❸カルシウムを取り込むためのビタミンDが体内に十分あること――が必要です。ビタミンDの多くは、太陽光を浴びることで生成されます。カルシウムを十分にとり、外で元気に遊ぶことで丈夫な骨が作られていきます。

P080_06

冬はもうすぐ！ かぜ予防を

ぽかぽかと太陽のぬくもりを感じる日もあれば、冷たい時雨が降る日もあり、暖かさと寒さの間を行ったり来たりしながら冬に近づいています。1日のなかでも朝夕と日中との気温差が大きくなってきました。暖房器具を使用することが多くなると、空気が乾燥し、ウイルスが増えるのに格好の条件になります。元気に冬を乗り切るために、規則正しい食事や睡眠はもちろんのこと、外出後や食事前にはうがい、手洗いを欠かさないように心がけましょう。

P081_01

寒さに負けない体作り

寒い日が多くなってきました。子どもたちも室内で遊ぶことが増えてきています。しかし、室内遊びばかりでは、丈夫な体にはなれません。こんなときこそ園庭に出て、元気に走り回れるような声かけをしています。寒いからと厚着をしていると、すぐ汗をかいてしまいます。汗が冷えるとかぜをひきやすくなるので、なるべく薄着で登園させていただきたいと思います。また、ご家庭でも食事、睡眠、排泄などに気をつけ、体調を整えて、寒さに負けないようにしましょう。

P081_02

上手なうがい・手洗いでかぜ予防

うがいは、水道水より緑茶や食塩水で行う方が効果的です。特に緑茶は、カテキン成分による殺菌作用が強く、かぜの予防効果が高いといわれています。上手なうがいの仕方は、頭を後ろにそらし、口を大きく開けて「ガラガラ」と音を立てます。これを2～3回繰り返します。手洗いは、せっけんを泡立て、手の甲、指の間、爪、手首の順にていねいに洗い、水でよく流します。最後は、清潔なタオルでパンパンとたたくように水気を拭きましょう。また、爪が長いと、ばい菌が残る原因になります。普段から短く切っておくことが大切です。

SOAP

P081_03

かぜのときは

食べ物から元気をもらおう！

かぜかな、と感じたら食べ物のパワーでウイルスをはね返しましょう。まずは発汗作用のあるねぎやしょうが、くず湯などで体を温めて免疫力をアップ。熱があるときは、うどんや卵、すりおろしたりんごなど、消化のよい物でエネルギーを補給しましょう。また、鼻づまりにはたまねぎのスープがおすすめ。湯気と、たまねぎに含まれる成分が粘膜の炎症を和らげてくれます。のどの痛みには、みかんの皮やきんかんの蜂蜜漬けも効果的です。

P081_04

体を温める食べ物で、かぜ知らずの冬を過ごそう

中国の思想である陰陽説では、食べ物は体を温める物「陽」と冷やす物「陰」に分かれます。分類の仕方には諸説ありますが、寒い地方が産地の物、根菜類、水分の少ない物、赤・黄・橙・黒色の物は、体を温める「陽」の食べ物。もち米、にんじん、ごぼう、れんこん、ごま、しょうが、にんにく、肉、魚などがこれに当たります。「陽」の食べ物をしっかりとってかぜをひかないようにしましょう。

P081_05

インフルエンザの予防接種を受けましょう

抵抗力の弱い子どもがインフルエンザにかかると重症になりやすいため、予防接種を受けておくと安心です。13歳未満の子どもの場合は、1シーズンに2回接種が標準です。2回目の接種をしてから2週間以上たたないと効果があらわれないので、インフルエンザの流行期に入る12月の前に済ませるようにしましょう。アレルギーがある場合は受けられないことがあるので、医師に相談してください。

P081_06

子どもの目の健康に気をつけましょう

子どもの視力は6歳ぐらいでほぼ大人と同じまでに発達します。乳幼児期のトラブルで視力の発達がうまくいかなかった場合、その後に視力をのばすのは難しいことがあります。ふだんから子どもの目の状態には注意をし、以下のような様子が見られたら早めに受診しましょう。

○目を細めたり、目をしかめたりする。
○横目でものを見ることが多い。
○テレビなどを極端に近づいてみる。
○必要以上にまぶしがる。

P082_01

子どもの靴の選び方

子どもの靴を「すぐ大きくなるから」と大きめのサイズを選んでいませんか。靴選びは健康のためにも大切です。以下を参考に、子どもの足に合った靴を選びましょう。

足の甲がフィットしている、あるいはベルトなどで固定できる
足指の付け根辺りで曲げる事ができる
つま先部分が広めで、足指が自由に動く
かかとのまわりがしっかりしている

P082_02

感染症の感染経路と予防法

子どもたちを感染症から守るために、感染経路について知っておきましょう。

＊接触感染

患部と接触することで感染する。（とびひ、水いぼなど。）

予防→患部との接触を避ける。直接接触だけでなく、発病している人が自身の患部を触った手や、患部と接触した器具を介して感染することもあるので気をつける。

＊飛沫感染や空気感染

くしゃみやせきなどによって飛び散ったウイルスから感染する。（はしか、水ぼうそう、おたふくかぜ、プール熱、インフルエンザ、りんご病など）

予防→うがい、手洗いをしっかりと行い、感染者に近づかないこと。

P082_03

薬の飲ませ方

＊シロップ…直径が小さいコップに移し、そのまま飲ませます。乳児はスプーンに取って口のやや奥のほうに流し込んだり、スポイトでほおの内側に流し込んだりするとよいでしょう。

＊粉薬…少量の白湯や水に溶かし、シロップと同様の方法で飲ませます。また、少量の白湯や水でペースト状に練って、きれいな指で上顎にすりつけてもよいでしょう。

P082_04

10月10日は目の愛護デーです

P082_05

かぜに注意！

P082_06

P082_07

衣替え

P082_08

11月8日は
いい歯の日

P082_09

ノロウイルス・ロタウイルス

＊原因
いずれもウイルスによる胃腸炎です。

＊症状
激しい嘔吐、下痢、腹痛が起こり、発熱を伴うこともあります。脱水症状を起こしやすいので注意が必要です。

＊対応
症状が出たら受診し、脱水症状に陥らないよう水分補給をします。症状が回復しても、1週間〜1か月は排泄物とともにウイルスが体外に出るといわれているので、排泄物に触れないように気をつけます。

P083_01

RSウイルス感染症

＊原因
RSウイルスによる感染症。集団感染しやすく、1歳未満児がかかると重症化しやすいので注意が必要です。潜伏期間は4 〜 6日間。

＊症状
発熱、鼻水、せきなどから始まり、呼吸時にヒューヒュー、ゼーゼーという音が出るなど呼吸器の症状が出るのが特徴です。

＊対応
早めに受診し、医師の指示に従って安静にしましょう。

P083_02

気管支ぜんそく

＊原因
アレルギー疾患のひとつ。原因はかぜなどによるのどの炎症、ハウスダスト、ダニ、気温や気圧の変化、ストレスなどがあります。

＊症状
せきが止まらなくなり、のどの奥からヒューヒュー、ゼーゼーという音が聞こえます。呼吸困難を起こすこともあります。

＊対応
発作が起こったら楽な姿勢をとらせ、水分補給をし、室内の乾燥を防ぎます。発作がおさまらないときはすぐに受診しましょう。

P083_03

ぎょう虫症

＊原因
ぎょう虫という寄生虫による感染症。肛門についた卵を触った手を介して感染。人から人へ感染し、集団感染することがあります。

＊症状
産卵のためにメスが肛門の周囲をはい回るため、強いかゆみを感じます。かゆみで落ち着きがなくなったり、寝不足になったりすることがあります。症状が軽く、気づかないこともあります。

＊対応
駆虫薬を服用することで治ります。ふだんから寝具は日光に当てて清潔にし、爪は短く切る、手洗いをしっかりする、清潔な下着を身につけるなどを心がけましょう。

P083_04

子どもがかかりやすい目の病気

ものもらい

ブドウ球菌による炎症。不潔な手で目をこすると感染します。まつげの根元が赤くはれて痛みます。重症化した場合は切開して膿を出すことがあります。

結膜炎

細菌やウイルス性のものと、アレルギー性のものもあります。まぶたのはれ、白目の充血、かゆみ、涙目、目やにが出るなどの症状が出ます。アレルギー性であっても二次的に感染しやすいので、抗生物質の点眼薬を処方されることもあります。

P083_05

発熱のときの対応

寒気を訴える場合は温かくし、全身が熱いときは頭部やわきの下などを冷やします。高熱のときは汗をたくさんかくので、脱水症状を起こさないように水分補給をしましょう。熱のほかに発疹の有無、下痢、嘔吐などを確認しましょう。

腹痛のときの対応

便秘や食べ過ぎ、胃腸炎かもしれないので、トイレへ行かせます。熱を測り、全身の症状を確認します。下痢や嘔吐を繰り返す、痛みが強い、などのときはすぐに受診しましょう。

P083_06

食育
健康
安全

冬（1・2・3月）の健康

かぜをひいたときの過ごし方

体には自然治癒力といって、病気を自分で治そうとする力が備わっています。かぜをひいたときはその力を引き出すような過ごし方を心がけましょう。厚着はさせず、食べ物は食べやすい物や好きな物を適量、水分の補給も忘れずに。室温はいつもと同じでかまいませんが、湿度は必要です。濡れタオルを広げておくくらいでもよいでしょう。かぜは2～3日で回復するもの。3日過ぎても症状が改善しないときや、ひどくなるときは受診しましょう。

P084_01

インフルエンザがはやっています

インフルエンザが流行しているようです。この時期、人ごみへの外出はなるべく避けるようにしましょう。また、発熱して医療機関を受診しても、インフルエンザか、単なるかぜなのかがすぐには診断できない場合があります。受診した翌日は、ご自宅で様子を見ていただいた方がよいと思います。インフルエンザにかかった場合は、医師の許可が出るまで「登園禁止」となります。かからないためにも、家に帰ったら、うがいとせっけんを使った手洗いを心がけましょう。

P084_02

厚着のし過ぎに注意しましょう

新生児のころは保温が大切ですが、乳幼児は動きが活発なので体内でたくさん熱が作られます。汗が冷えてかぜをひかないためにも、この時期は、汗ばまない程度で動きやすい服装がよいでしょう。一般的な目安としては、大人よりも1枚少なく、といわれています。元気に過ごすためにも、薄着の習慣をつけるように、よろしくお願いいたします。

P084_03

インフルエンザ予防にビタミンCを取り入れましょう

子どもはウイルスに対する免疫が弱く、大人よりもかぜやインフルエンザにかかりやすい傾向があります。ビタミンＣは体の抵抗力を高め、万一病気になっても回復を早めてくれます。普段から食事に取り入れて、病気になりにくい体作りをしましょう。特に新鮮な果物や野菜には、ビタミンＣが豊富。ビタミンＣは、水に溶けやすい性質があるので、スープや鍋がおすすめです。

P084_04

冬に負けない体を作ろう

乾燥している冬には、いろいろな病気が流行します。抵抗力と免疫力をつけて、病気になりにくい体を作りましょう。そのためには、ビタミンを多く含むにんじんやトマト、キャベツ、りんごなどの野菜と果物を十分にとることが肝心です。この他、海藻や納豆も抵抗力と免疫力を高めます。これらは、のどや鼻の粘膜を強くするので、かぜ予防はもちろん、肌をつやつやにする効果も。元気な体で冬を乗り切りましょう！

P084_05

冬休みの生活リズム

年末年始は慌ただしく、どうしても大人のリズムで過ごしがちになってしまいます。イベントが多いこの時期、なにがなんでも子ども優先、というわけにはいかないこともありますが、子どもの睡眠のリズムだけは守りたいものです。夜寝る時間、朝起きる時間はできるだけいつもの通りに過ごすよう心がけましょう。生活リズムをなるべく崩さないことが健康的に過ごすコツです。

P084_06

子どもの花粉症について

花粉症の症状といえば鼻水、鼻づまり、目のかゆみ、くしゃみが主なものです。中でも子どもの場合は、鼻づまりと目のかゆみに現れることが多いようです。鼻づまりは見た目ではわかりにくいので、口呼吸が多くなっていないか観察しましょう。また、目の症状として充血したり目がむくんだりすることもあります。花粉症の症状はかぜの症状にも似ているので、気になる症状が現れたら早めに受診するようにしましょう。

P085_01

花粉症対策をしましょう

近年、幼児の花粉症が増えてきているそうです。せきやくしゃみ、鼻水が出る、目がかゆくなるなどの症状は、かぜやインフルエンザと似ています。早めに病院で受診し、花粉症かどうかを診断してもらってください。もし、花粉症と診断されたら、戸外に出るときはマスクをしたり、目を保護するゴーグルをしたりし、戸外から室内に入るときは、服に付いた花粉をはたいて落とすなどして、症状を和らげたいですね。医師の指示に従い、しっかり対応すれば、園生活も十分楽しめると思います。

P085_02

やけどをしたときの応急ケア

やけどをしてしまったら、とにかく冷やすのが一番です。流水が基本ですが、ぬれタオルや氷、保冷剤などで冷やしてもよいでしょう。衣服の上からやけどをした場合は、むやみに脱がさず、衣服の上から冷やします。水ぶくれができたときは、つぶれないように保護します。冷やした後、病院で受診しましょう。

P085_03

薄着の重ね着で暖かく

重ね着をすると、衣服と衣服の間に体温で温まった空気を抱え込むことができ、厚手の衣服を1枚着るよりも保温性が高まります。必要以上に重ね着をすると空気の層がつぶれてしまいます。「肌着＋長袖のTシャツ」を基本に、寒いときはその上にベストを着たり、外に出るときは上着を着たりするなど、調節ができるようにするとよいでしょう。

P085_04

鼻血が出たときのケア

鼻をぶつけたり、いじったりしたときや、暑さでのぼせたときなど、子どもはちょっとしたことで鼻血を出します。鼻血が出たときは顔をうつむきかげんにし、小鼻の少し上をつまんで数分ほど圧迫し、止血します。出血がおさまってきたら、ティッシュペーパーや脱脂綿を丸めて鼻にきつめに詰めておきます。

子どもがじっとしていられないときは、最初から鼻に詰めものをしてもよいでしょう。

P085_05

冬のお風呂の温度

冬は外気温が下がるので、温かいお風呂でしっかり温まりたくなりますが、それは大人だけです。赤ちゃんや子どもは皮膚が薄いため、大人にとっての「ちょっと熱めの湯」では熱すぎます。冬なら37度から、熱くても40度くらいにしましょう。それくらいが子どもたちの体にとっては適温です。また、湯船に入っている時間は長くても10 ～ 15分くらいにしましょう。

37～40℃

P085_06

耳の日

3月3日は「耳の日」です。子どもに多く見られる耳の病気には、中耳炎があります。かぜをひいたあとには、耳の痛みや発熱、耳だれなどの症状がないか、確認してみてください。もし、症状がある場合は、すぐに病院で診てもらうようにしましょう。

園では、「耳の日」にちなんで、いろいろな楽器を鳴らしたり、音を聞いたりする「音遊び」を楽しみます。

P086_01

上手な耳かきのしかた

耳にたまった耳垢は、自然と外にこぼれ落ちる構造になっています。ですから、耳かきはどうしても必要なことではありません。月に1度もすれば十分です。耳を後ろに引っ張ると中がよく見えます。耳垢を取るのは穴から1cm程度までにし、綿棒や耳かきなど取りやすい物で痛くないように行いましょう。耳を傷付けることが心配だったり、うまくできないようなら無理に家で行わずに、耳鼻科で耳垢を取ってもらうのもよいでしょう。

P086_02

子どもの耳の聞こえチェック

〇〇ちゃん

耳の聞こえが悪いと言葉を覚えることも難しくなります。「聞こえているかな?」と気になるときは以下を確認し、心配なときは受診しましょう。

- **〇呼んだときに返事をしたり振り向いたりしますか?**
- **〇習得する言葉は増えていますか?**
- **〇音楽に合わせて体を動かしますか?**
- **〇話を聞くときに何度も聞き返したり、片方の耳で聞こうとしたりしていませんか?**

P086_03

せきエチケットについて

せきエチケットは、ウイルスを人に移さないという意識が大事です。せきによるウイルスの飛沫は2〜3mといわれています。せきが出る場合は人混みを出歩かないようにしたいものですが、やむを得ず外出するときはマスクをしてウイルスの拡散を防ぎましょう。マスクをしていないときはティッシュやハンカチで口と鼻を覆います。使ったマスクやティッシュは蓋のあるゴミ箱に捨て、手もせっけんでよく洗いましょう。

P086_04

P086_05

P086_06

P086_07

P086_08

P086_09

P086_10

P086_11

インフルエンザ

＊原因
インフルエンザウイルスによる感染症で、潜伏期間は2～5日間。ウイルスにはA、B、C型があり年によって流行する型が異なります。

＊症状
急な高熱、だるさ、寒気、関節痛、せき、鼻水、のどの痛みなどのかぜの症状があらわれます。下痢、嘔吐をともなうこともあります。熱がいったん下がってもまた上がることもあり、油断できません。

＊対応
抗ウイルス剤、熱や痛みをおさえる薬が処方されます。医師の指示に従って服用しましょう。発症後5日間経過し、かつ解熱後3日間経過するまで登園停止です。

P087_01

かぜ症候群

＊原因
ウイルスによる感染症で、鼻、のどなど上気道が炎症を起こしたものをかぜ症候群といいます。

＊症状
一般的には鼻水、鼻づまり、せき、くしゃみ、だるさなど。発熱、下痢、嘔吐がみられることもあります。

＊対応
かぜに気づいたら保温と保湿に気をつけ、栄養と睡眠を十分とります。受診して症状を抑える薬を服用してもよいでしょう。

P087_02

マイコプラズマ肺炎

＊原因
マイコプラズマという微生物による肺炎です。

＊症状
かぜのような症状と、高熱が続くことがあります。せきが長期間続くのも特徴です。下痢、嘔吐をともなうこともあります。

＊対応
症状を抑える薬と、原因菌に対応した薬が処方されます。

P087_03

りんご病（伝染性紅斑《こうはん》）

＊原因
ヒトパルボウイルスによる感染症で、潜伏期間は1～2週間。

＊症状
熱は微熱程度で、左右のほおが赤くはれ、ほてりや痛み、かゆみがある場合もあります。手足、おしり、肩などにも赤い発疹が出ることがあります。1週間ほどで消えますが、日光にあたったり入浴したりすると再発することがあります。

＊対応
かゆみがある場合はかゆみ止めを処方してもらう程度で、特別な治療はありません。全身の状態がよければ登園できます。

P087_04

急性中耳炎

＊原因
かぜが原因で起こることが多く、耳の奥にある中耳の部分に炎症が起きます。

＊症状
激しい耳の痛みと高熱が出ます。黄色い耳だれが出ることもあります。

＊対応
耳鼻科で抗生物質が処方されます。化膿している場合は鼓膜を切開して膿を出すこともあります。慢性化しやすいのでしっかり治しましょう。

P087_05

しん出性中耳炎

＊原因
中耳に炎症が起こり、リンパ液がたまったことによる疾患です。かぜや急性中耳炎の繰り返し、アレルギーによる鼻の炎症が原因のこともあります。

＊症状
痛みや熱はなく、耳の聞こえが悪くなったり、微熱が出たりします。

＊対応
たまったリンパ液は自然に吸収される場合と、鼓膜を切開して抜き取る場合があります。痛みがなく気づきにくいので、微熱や耳の聞こえが悪そうだと感じたら耳鼻科を受診しましょう。

P087_06

0・1・2歳児向け健康

園でのトイレトレーニング

着替えやおむつ交換のときに、「おしっこしてみようか」と誘うと「うん！」「おしっこ出る」とうれしそうにおまるやトイレに行っています。おまるでおしっこができるようになった子、おまるに座って喜んでいる子とさまざまです。一人ひとりの様子をあたたかく見守りながら、少しずつトイレトレーニングを進めていきたいと思います。

P088_01

トイレトレーニングについて

園では、食後や昼寝のあとなどにトイレへ誘っています。初めはおしっこが出なくても、便器に座ることを続けてみると、そのうちに友達の様子を見て刺激を受け、徐々にトイレでおしっこが出る回数が増えていきます。最終的には自分で「おしっこ！」と言えるのが目標ですが、排尿する間隔を空けることで尿意を感じるため、その感覚がつかめるまでは失敗も当然です。ご家庭でも子どものペースに合わせて、「おむつはいつかは、はずれるから」と気長に取り組みましょう。

P088_02

おしっこをしたときの感覚を大事に

トイレトレーニング開始の目安として、はいはいをしたり、自分で立ったり座ったりできることが挙げられますが、それまでの経験も大切です。おしっこが出たら泣いて不快感を知らせ、「おしっこ出たね、気持ち悪いね、おむつを替えようね」と応えてもらい、おむつ交換をして「気持ちよくなったね」と言葉をかけてもらうこと。おしっこが出るたびに不快、快をしっかり感じる経験を赤ちゃんの頃から積み重ねていることが、トイレで排泄するための土台になります。

P088_03

おうちでトイレトレーニング

子どもがおしっこをしたくなったときのサインを大人がつかんでおき、トイレに誘ってみます。食後や寝起きのタイミングなどもよいでしょう。はじめは出なくても便器やおまるに座ることを習慣づけるようにします。「しー出てこ〜い」「あ、出る出る」など声をかけながら見守りましょう。成功したときは「出たね」「よかったね」「トイレでするの気持ちいいね」など大人が大喜びします。おまるの中を見せて「おしっこ出たね」と一緒に確認すると実感できるでしょう。

P088_04

おむつかぶれを防ぎましょう

おむつかぶれは、おむつが直接触れている部分が赤くはれたり、ジクジクただれたりする皮膚炎です。便や尿の微生物が原因で炎症を起こすこともあります。予防はこまめにおむつを替えること。おしっこしか出ていないときでも、濡れた布や専用の拭き取りペーパーできれいに拭き取りましょう。便の場合はぬるま湯で洗い流し、おしりをよく乾燥させます。しっかりと乾かしてからおむつをあてるようにしましょう。

P088_05

おねしょについて

日中はおむつが外れても、夜はおねしょをする心配がまだまだある時期です。夜、まとまってぐっすり寝るリズムが整うことで、尿をコントロールする脳が育ちます。睡眠の質にも注目し、ぐっすり眠れるように環境や生活を整えましょう。そして、夜、おねしょをするのは「失敗」ではなく、尿をコントロールしていく過程であるとしてゆったり見守りましょう。

P089_01

便秘かなと思ったら

排便の間隔は個人差があります。5日くらい便が出なくても、機嫌がよくいつもと変わらない様子なら心配ありません。うんちがコロコロで固い、血が混ざっている、排便のとき痛がったり泣いたりする、おなかが張って苦しそう、などのときは受診した方が安心です。野菜の繊維不足や水分不足、食べる量が少ないことも便秘の原因ですが、ふだんから体をよく動かしたり、おへその回りを時計回りでマッサージするなど、快便への習慣もつけましょう。

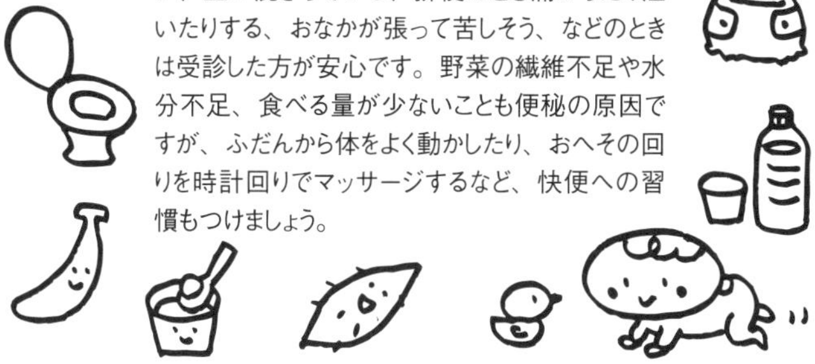

P089_02

うんちの色で健康チェック

緑がかった色、黄色、茶色のうんちいずれも健康な証です。すいかやにんじん、トマトなど食べ物の色がそのまま便に出たのではなく、血液が混ざったような赤い便、黒い便のときは、消化器管からの出血が疑われます。また、便全体が白っぽくなるのは、かぜなどのウイルスによることがあります。おむつに付いた便を持って受診しましょう。

P089_03

P089_04

P089_05

P089_06

P089_07

P089_08

P089_09

食育

健康

安全

乳児の健康チェックポイント

赤ちゃんの様子をふだんからよく見ておき、体調の変化に早く気づきましょう。
体温…いつもより高くないか。 **機嫌**…あやすと反応するか、泣いてばかり、ぐずってばかりいないか。 **食欲**…母乳やミルクの飲み具合、離乳食の食べ具合はいつもと同じか。 **睡眠**…ぐずっていて寝ない、反対に眠ってばかりで気になることはないか。 **顔色**…赤くほてっていないか、青白くないか。 **うんち**…量や回数、色などはふだん通りか。排泄のとき痛がる様子はないか。

P090_01

体温は正しく測りましょう

脇の下で測る体温計の場合、体温計を上から差し込んだり、脇からはみ出たりしていると正しく測れません。正しい測り方を確認しましょう。

❶脇の下のくぼみの真ん中に、体温計の先端を下からあてる。
❷体温計が体に対して約30度の角度になるようにして脇をしめ、動かない。

P090_02

予防接種の目的

予防接種は、病原体に対する免疫を持たない者を対象に、免疫をつけ、感染予防・発病防止のために行います。健康な赤ちゃんが積極的に受けることにより、その子の体を守ることはいうまでもありませんが、ほかの子どもへの感染を防ぎ、お互いに発病しないことで予防接種ができない虚弱な赤ちゃんを守るという目的もあります。ご協力をお願いいたします。

P090_03

赤ちゃんのスキンケア

赤ちゃんの肌は、大人の約半分の薄さしかありません。皮膚の中から水分が逃げ出すのを防いだり、紫外線、乾燥、ほこりなど外部の刺激から肌を守ったりするバリア機能も未発達です。スキンケアの基本は「きれいに洗って清潔にする」「しっとり保湿する」こと。ローションやクリームでケアしましょう。また、赤ちゃんは汗っかき。汗をかいたら早めにシャワーで流したり、絞ったタオルでやさしく拭き取ったりしましょう。

P090_04

ベビーマッサージについて

ベビーマッサージで赤ちゃんとスキンシップをはかりましょう。マッサージを行うと血液循環がよくなったり、筋肉が鍛えられたりするだけでなく、親子ともにリラックスでき、信頼関係が深まります。仰向けにした赤ちゃんの目を見つめ、「さぁ、マッサージを始めますよ」と声をかけ、服を脱がせて裸で行いましょう。いろいろな方法がありますが、簡単な全身マッサージの方法を紹介します。

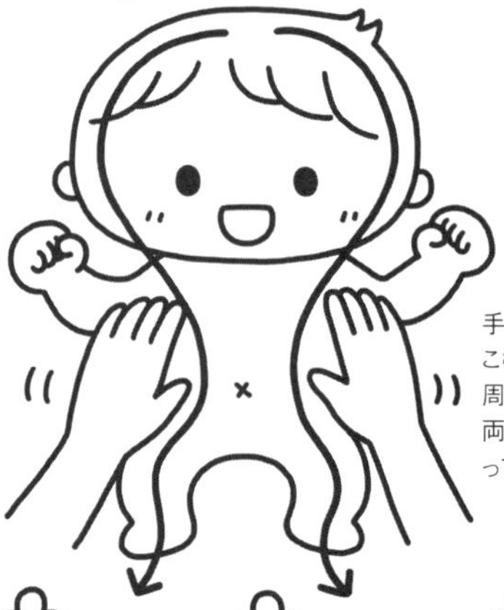

手のひら全体で包みこむように、頭、顔の周囲、胸、おなか、両足のつま先に向かってなで下ろします。

P090_05

睡眠リズムは小さいうちから

人間はおひさまが昇ったら起きて、沈んだら寝る昼行性の動物です。ですから起きている間にしっかり活動し食事をとって、夜は十分に眠ることが子どもの成長にとって何より大切です。毎日、同じ時間に夕食を食べ、同じ時間にお風呂に入り、同じ時間に寝るという生活リズムの繰り返しが子どもの脳を育てます。やがて離乳食が完了するころには、一晩ぐっすり眠る力が育っていることでしょう。

P091_01

寝る前の刺激は少なめに

乳幼児期は夜中に目を覚ますことも多いですね。成長と共に夜中に起きる回数は減ってきますが、ぐっすり眠るためには配慮も必要です。お風呂は寝る1時間前までに入る、寝る前には体を激しく使うような遊びをしない、音や光の刺激は控える、などです。テレビなどは音も光も刺激が強いので、寝る直前までつけておくのは避けましょう。また、睡眠中は手足が自由に動かせるように、布団をかけすぎないようにしましょう。

P091_02

子どもとテレビ

乳幼児期は、外界の情報を視覚、聴覚、触覚、嗅覚、味覚という五感の刺激をバランスよく自分自身に取り込みながら成長していきます。テレビなどからは、視覚と聴覚だけの刺激が一方的に与えられるので、長時間見せっぱなしにすることは乳幼児期にはできるだけ避けたいものです。学齢期になったら親子で一緒に見て、内容について語り合うなど、上手につきあいたいですね。

P091_03

歯が生えたら歯磨きを

赤ちゃんに歯磨きを習慣づけるタイミングは「歯が生え始めたらすぐ」です。生え始めの頃はまだ歯ブラシを使う必要はありません。1日1回、寝る前に清潔なガーゼを人差し指に巻きつけ、歯を丁寧に拭くことから始めましょう。4〜8本生えてきたら歯ブラシを使います。1歳くらいまでは唾液の自浄作用で口内の衛生を保てるので、いやがるときは無理強いせず、ゆっくりと進めましょう。

P091_04

パパへ 子育ては両親が主体です

おっぱいが出るか出ないかだけで、赤ちゃんにとってはパパもママも等しく頼りにする対象です。子育ては「ママのお手伝い」をすることではなく、両親が主体者なのです。「赤ちゃんができた」といってもその実感は母親、父親では当然違います。自分が実感するところからでいいのです。だから1日も早く抱っこしたり、おむつを替えたりして我が子への思いを実感しましょう。実際に関わったぶんだけ自信につながります。

P091_05

手洗いできているかな？

離乳食の頃から流水で手を洗う習慣をつけましょう。「自分で！」が大好きな1歳児なら、プッシュ式の液体せっけんで、手のひらをごしごし、パーに開いて伸ばした指を組んでごしごし、手の甲をごしごしと、楽しみながら習慣にしていきます。手首や爪先などは大人が手伝いましょう。3歳以上は固形せっけんを泡立て、親指を握ってのクルクル洗いも加えていきます。

P091_06

赤ちゃんは泣いて伝えます

赤ちゃんが泣くのは伝えたいことがあるからです。泣くたびに大人は「おなかがすいたのかな?」「おむつがぬれたのかな?」などと気にかけますね。この関わりが人と人とのコミュニケーションの土台を作ります。「どうしたの、さっきおっぱい飲んだよ、今度はおしっこかな? 出てる出てる、教えてくれたのね…」と言葉をかけながら赤ちゃんの体を触ります。このような「泣いたら応えてくれた」経験の繰り返しが、親子の良好な関係を築いていくのです。

P092_01

泣き方にも個性があります

赤ちゃんには生まれつきの個性があり、あまり泣かない子もいれば、火がついたように泣く子、長時間泣きやまない子などさまざまです。あまり泣かないタイプだったのにこのごろよく泣くということもあります。また、明確な理由があって泣くのではなく、脳が発達する過程で自分でも処理できない不快や困難による泣きもあります。泣きすぎて体調をこわすことはありません。優しく抱っこしたり、背中をトントンしたり、歌をうたったりなどしてつき合いましょう。

P092_02

家庭内感染を防ごう

かぜやインフルエンザ、胃腸炎などの感染症が家族間で流行しないように、次のようなことに気をつけましょう。

◯手洗いとうがいを徹底し、タオルの使い回しや食器食具の共用をしない。
◯嘔吐物や便の処理の際はマスクや使い捨て手袋を着用する。汚物を捨てるときはビニール袋に入れて口をしっかり結ぶ。
◯処理後はせっけんで手を洗い、アルコール消毒をする。

P092_03

病院に行くときの準備

病院にかかるときは、子どもの病状について医師に正確な情報を伝えることが大切です。次のことをメモして行くとよいでしょう。

◯いつからどのような症状が出たか
◯せきや鼻水の具合
◯食欲や機嫌の様子
◯うんち、おしっこの状態
◯湿疹の有無
◯医師に聞きたいこと

P092_04

突発性発疹

＊原因
主にヒトヘルペスウイルスによる感染症。6か月～1歳半くらいまでの間に多くの子どもがかかるといわれています。

＊症状
突然、38～39℃の高熱を出し、3～4日間続きます。高熱のわりには機嫌はよい場合が多いようです。熱が下がると同時に部分的または全身に発疹が出ます。下痢を伴うこともあります。

＊対応
発熱したら受診します。発熱中は水分補給をこまめにし、安静に過ごしましょう。

P092_05

あせも

＊原因
汗をたくさんかいたために汗腺がふさがれることによって発症します。

＊症状
汗がたまりやすい部位に赤いブツブツができます。かゆみを伴う場合もあり、かきこわすととびひになることがあるので注意します。

＊対応
汗をかいたらすぐに拭く、着替える、シャワーを浴びるなどして汗を残さないようにし、予防することが大切です。あせもができてしまったらまめに汗を拭き、かきこわさないうちに早めに受診しましょう。

P092_06

PART 3

安全

おたより文例 &イラスト

避難訓練

9月1日は防災の日です。園では、毎月子どもたちの年齢に合わせた防災訓練を行っています。また、いざというときに、落ち着いて子どもたちを避難させられるよう、日ごろから避難経路や避難場所の確認などをしています。この機会に、ご家庭でもどういう準備をしておけばよいのか、話し合ってみてはいかがでしょうか。

P094_01

避難訓練がありました

消防署の方に来ていただき、「地震が発生して、火災になった」という想定で、避難訓練をしました。子どもたちは防災頭巾をかぶって机の下に潜り、地震が収まるのを待ちました。続いて「火事です」という非常放送が流れると、慌てず速やかに、保育者の誘導で園庭に避難しました。今年2回目の訓練ということもあって、泣く子もおらず、全員無事に避難することができました。消防署の方にも「上手に避難できましたね」とほめていただきました。

P094_02

防災意識を高めましょう

9月1日は、防災の日。過去の震災を教訓に、いざというときの対応を普段から考えておきましょう。子育て中のご家庭では、高い所に物を置いていないか、たんすなどが倒れないように固定してあるかなどを、子どもの目線に立って確認してみましょう。

また、紙おむつや粉ミルク、ベビー用飲料水など、非常時に必要な子ども用の物を定期的に確認できるよう、カレンダーなどでチェックするのもよいですね。

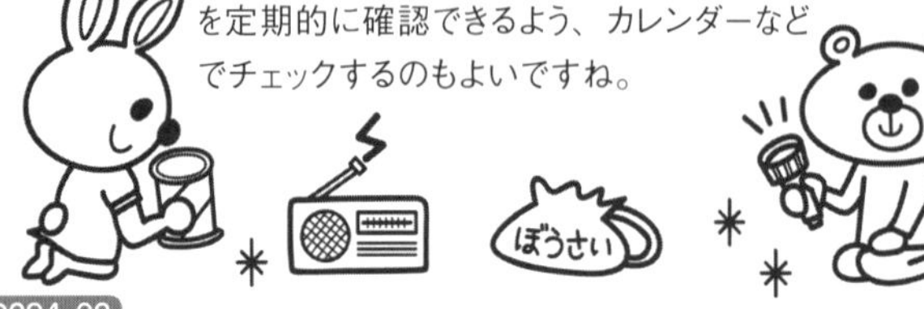

P094_03

防災教育について

小さい頃から身の回りの安全に対して関心をもつことは、とても大切です。園では、定期的に避難訓練を実施しています。日常の保育の中でも紙芝居や保育者の話を通して、「非常時は慌てないで行動する、大人の指示に従って行動する」ことの大切さを学ぶ機会を設けています。日頃からの心構えが一番大切です。

P094_04

台風シーズンになりました

台風の強風や豪雨は、いろいろな災害をもたらします。また、不安定な天候が続きやすく、最近では竜巻やゲリラ豪雨といった現象も心配です。朝登園する前に、親子で天気予報を見ることを習慣にしましょう。そして、「こんな天気だとこんなことが起きるかもしれないね」「こうすると安心だね」など話をすることが大切です。ただし、必要以上に恐怖心を抱かせないように気をつけましょう。

P094_05

乳幼児のための非常用持ち出し袋

乳幼児がいる家庭では、次のような物が非常時には必ず必要になります。最低3日分は用意しておきましょう。

○紙おむつ　○着替え　○常備薬　○体温計
○履き替えの靴　○おやつ　○毛布
○赤ちゃんがいるならミルクと哺乳瓶など。

その他、かさばらない玩具や折り紙など、子どもが好きな遊び道具を入れておくと、避難所で役に立ちます。

P095_01

1 災害用伝言ダイヤル

「災害用伝言ダイヤル（171）」とは、地震など災害の発生により通信が増加し、電話がつながりにくい状況になった場合に提供が開始される、声の伝言板です。園では災害が発生した場合、子どもや職員の安否、避難している場所などを災害用伝言ダイヤルに録音することにしています。保護者は171でその情報を確認することができますので、ご利用ください。

P095_02

P095_03

P095_04

P095_05

P095_06

P095_07

P095_08

P095_09

P095_10

P095_11

食育　健康　安全

交通安全教室があります

来週から交通安全週間が始まります。○日には、園で交通安全教室を行います。大切な子どもたちが交通事故に遭わないように、警察の方にいろいろ指導をしていただく予定です。

道路の右側を歩く、横断歩道を渡る、信号を理解する、車道へ飛び出さない、などの大切なことをわかりやすく教えてもらいます。ご家庭でも、実際に道を歩くときに、交通ルールを話すなどいろいろご指導いただきたいと思います。

P096_01

春の交通安全教室

○月○日に交通安全教室を行います。当日は、おまわりさんが来て、気をつけるポイントなどを教えてくれます。また、実際の道路で、横断歩道を渡る練習も予定しています。

春休みは1年で一番交通事故が多い時期です。特に5歳児さんは、外を歩くことに少し自信がついてきた頃ですので、この機会に、どんな注意が必要かを改めて確認したいと思います。

P096_02

雨の日の登園について

6月に入り、雨の日が多くなってきました。傘やレインコートでの通園は、視界も悪くたいへんです。安全には十分気を配り、事故のないように気をつけましょう。

また、いつもの時間より早く家を出るようにして、雨の日ならではの楽しいことを探して歩くのもよいですね。晴れた日に気がつかなかった発見があるかもしれません。かわいい発見を先生たちにも教えてくださいね。

P096_03

チャイルドシートを使用しましょう

「近くまでだから」「あまり車が通っていない道だから」と子どもに大人用のシートベルトを着用させていませんか。また、「泣いていやがるから」とお母さんが子どもを抱っこしたまま乗っていませんか。そんな心の油断が大きなけがにつながります。チャイルドシートに座るとき、初めは泣くこともありますが、慣れると安心して座れるようになります。子どもの安全確保のために、車に乗るときは必ずチャイルドシートを使用しましょう。

P096_04

自転車に子どもを乗せる時。

登・降園時など自転車に子どもを乗せるとき、ヘルメットをかぶらせていますか。安全のためにヘルメットは必ずかぶらせましょう。また、雨天時に傘をさして片手運転をするのはとても不安定で危険です。路面も滑りやすいので、雨の日の自転車利用は避けたいものです。また、子どもを自転車に乗せたまま、自転車ごと倒れるケースも増えています。地面からシートまでの高さは1m以上あります。子どもを自転車に乗せたままその場を離れたり、目を離したりしないようにしましょう。

P096_05

自転車乗りの練習をするとき

誕生日などをきっかけに、子ども用の自転車に乗る練習を始めるご家庭もあるでしょう。まずは人の少ない広い公園で保護者といっしょに練習しましょう。車があまり通らない道路もあるかもしれませんが、急に車が飛び出してくる可能性があり危険です。道路での練習は避けましょう。また、乗れるようになっても油断は禁物です。ヘルメットをかぶること、保護者と走ること、交通ルールを守るなどの約束を確認しましょう。

P097_01

親子で道路をチェック

小学校へは歩いて行く場合が多いと思います。今から家の周りや通学路を親子でチェックする機会を作ってはいかがでしょうか。親子で手をつなぎ、街の様子や人々の生活に関心を向けながら、「ここはガードレールがないから危険だね、右端を歩こうね」「ここは狭いから一列で歩こうね」などと会話をしながら歩きましょう。交通ルールなどは、言葉で教えるより実際の体験を通したほうが、身につくものです。

P097_02

P097_03

P097_05

P097_06

P097_08

P097_04

P097_07

食育
健康
安全

防犯・事故防止

防犯意識を高めましょう

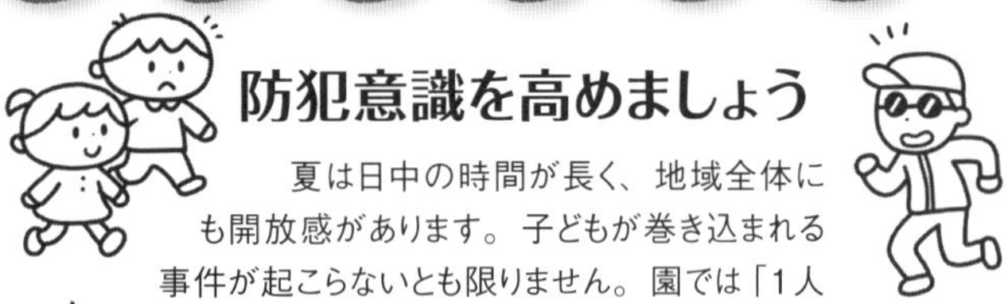

夏は日中の時間が長く、地域全体にも開放感があります。子どもが巻き込まれる事件が起こらないとも限りません。園では「1人で行動しない」「知らない人についていかない」など防犯対策の指導をしていますが、夏休みに入ると、普段とは異なる状況に置かれることもあると思います。いつも園で携帯している名札（名前・住所・保護者名・連絡先などが記載してある物）を持たせていただけるようお願いします。また、夏休みを前に、警察署の協力で防犯教室を開催します。奮ってご参加ください。

P098_01

いかのおすし

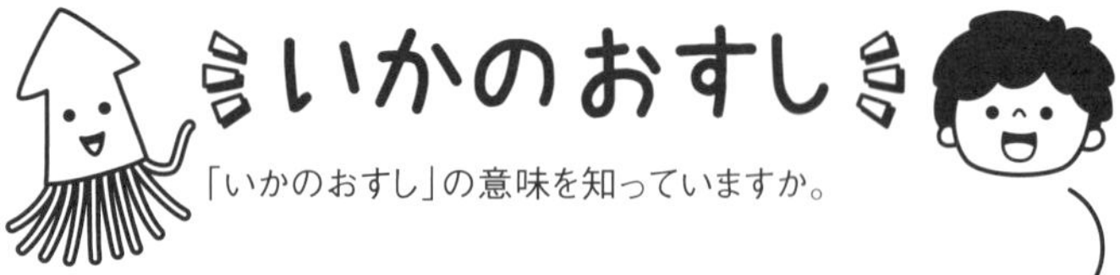

「いかのおすし」の意味を知っていますか。

いか…行かない（知らない人について行かない）
の…乗らない（知らない人の車には乗らない）
お…大きな声で叫ぶ
す…すぐ逃げる
し…知らせる（何かあったらすぐ知らせる）

これは、子どものための防犯の標語です。「ののつく約束ってなんだ?」と会話をしながら覚えられるとよいですね。

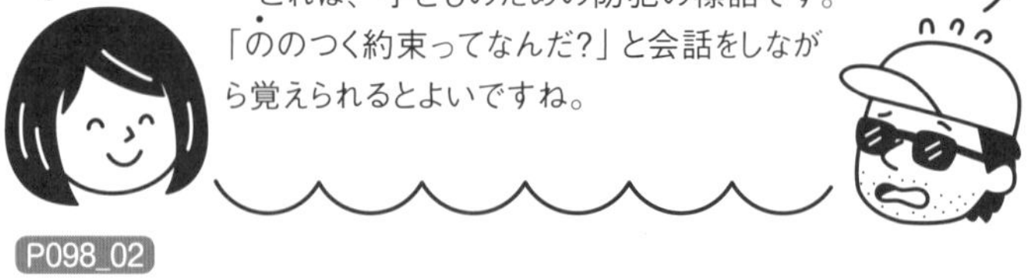

P098_02

園のセキュリティーについて

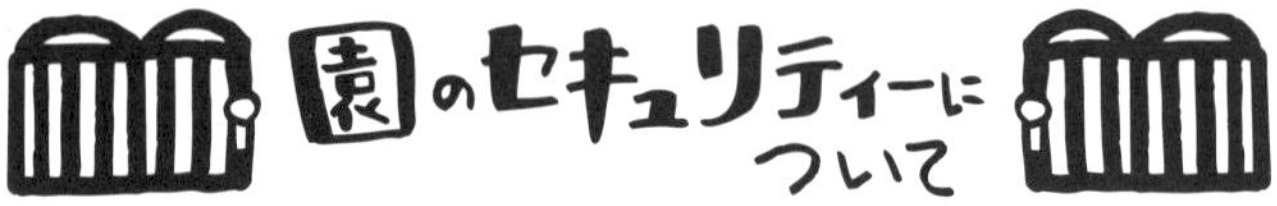

園は、長い時間多くのお子さんをお預かりしている場所です。不審者の侵入を防ぐためにも、登・降園の際は門の開閉や鍵のかけ忘れには十分ご注意ください。また、子どもが1人で園外に飛び出したり、駐車場で目を離したりすると事故にあうこともあります。登園の際は園舎に入るまで、降園の際は園外に出たら、くれぐれもお子さんの手を離さないようにしましょう。気になることや心配なことがありましたら、保育者に声をおかけください。

P098_03

遊具を正しく使いましょう

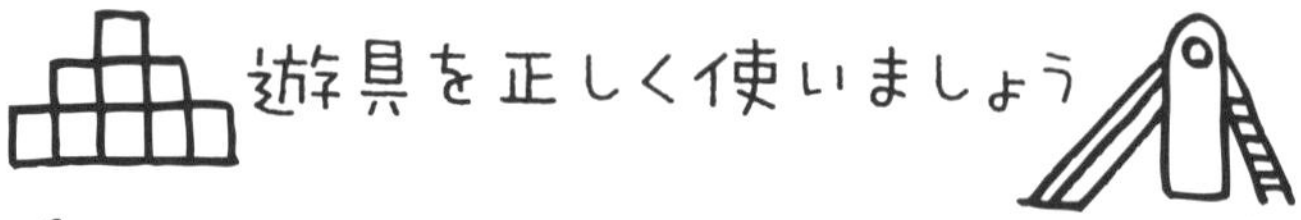

休日、親子で公園に行き、遊具で遊ぶ機会も多いでしょう。遊具を使うとき、保護者がそばで見守ったり、声をかけたりしているときはよいのですが、ふとよそ見をした瞬間にブランコから落ちた、などちょっとした事故が起こることがあります。公園の遊具の安全な使い方を大人がやって見せながら、覚えられるようにし、正しい使い方をするよう見守りましょう。

P098_04

火遊びを防止しよう

子どもは大人が使っている物や、普段目にしない珍しい物が大好きです。テーブルや仏壇など、子どもが手に取れる場所にマッチやライターなどを置いていませんか。ライター等は子どもの目に触れない場所、手の届かない所に片付けましょう。子どもの火遊びは、やけどや火災につながり大変危険です。小さいうちから火災の怖さや火遊びの危険性を伝えましょう。

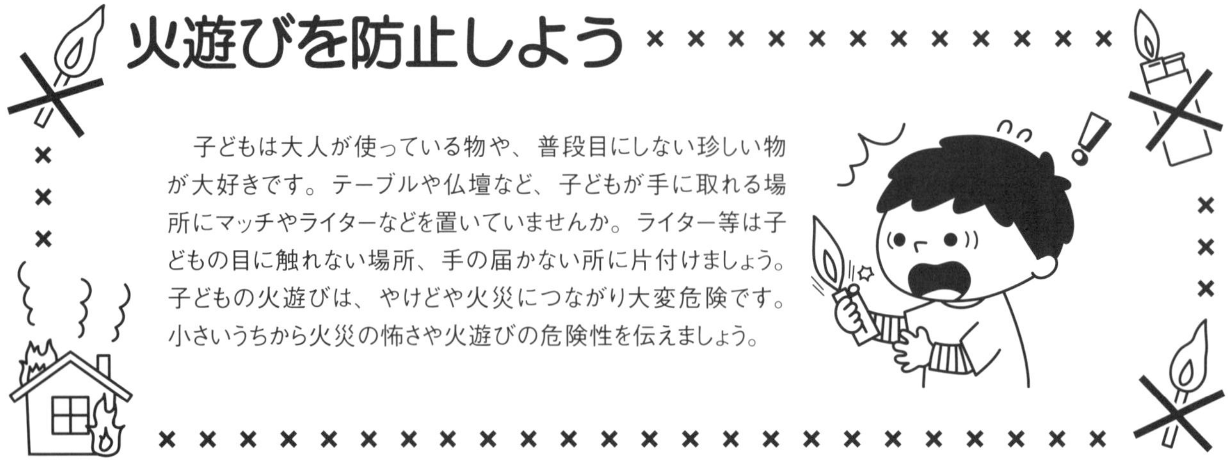

P098_05

家庭内の事故を防ごう

誤飲の可能性がある小さな物は、飲み込んでしまうだけではなく、鼻や耳の中に詰め込んでしまうこともあります。たばこやボタン電池、薬品、アクセサリーなどは、子どもの目の高さで誤飲などの危険がないかどうか確認しましょう。また、保温中の給湯ポットや使用中のヘアーアイロンなどは、重症のやけどをする可能性がありますので、扱いには十分に気をつけましょう。

P099_01

車内への置き去りは危険です

外の気温がさほど高くなくても、閉めきった車の室内の温度は急激に上昇します。「すぐに戻ってくるから」「寝ているから起こすのがかわいそう」などと子どもを車内に残したままにすると、すぐに体温が上昇して脱水状態になり、命にかかわります。窓を開けておいても同様の状態になることがあります。また、不審者に連れ去られることも予想されます。子どもだけを車に残すことは大変危険なのでやめましょう。

P099_02

危ない!!

P099_03

危ない!!

P099_04

マッチ

P099_05

危ない!!

P099_06

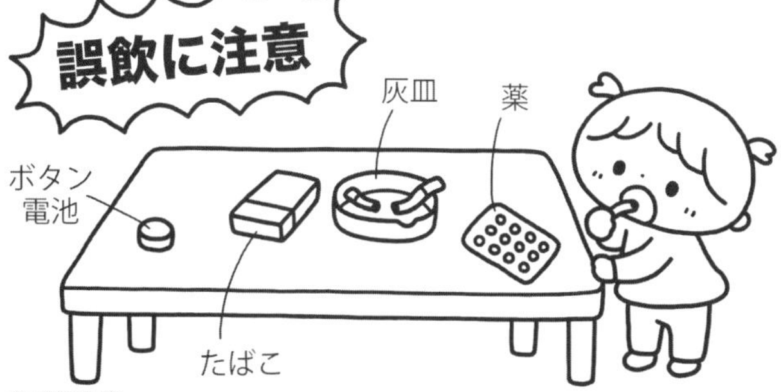
誤飲に注意
灰皿
薬
ボタン電池
たばこ

P099_07

NO!
いかのおすし
行かない
乗らない
大声で叫ぶ
すぐ逃げる
知らせる

P099_08

車内へ置き去り
NO!

P099_09

じてんしゃに
のるときは
ヘルメットを
かぶろう

P100_01 <子ども向け>

とびだし　ちゅうい

P100_02 <子ども向け>

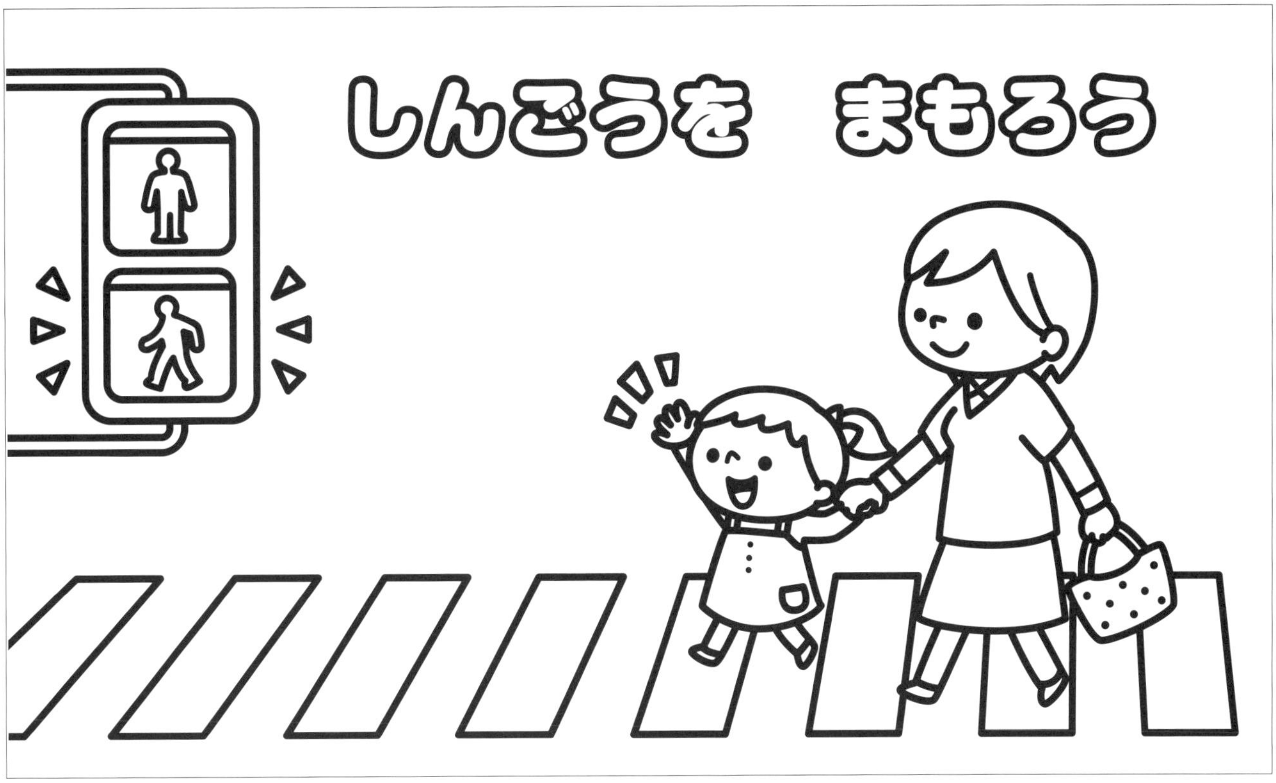
しんごうを　まもろう

P101_01 <子ども向け>

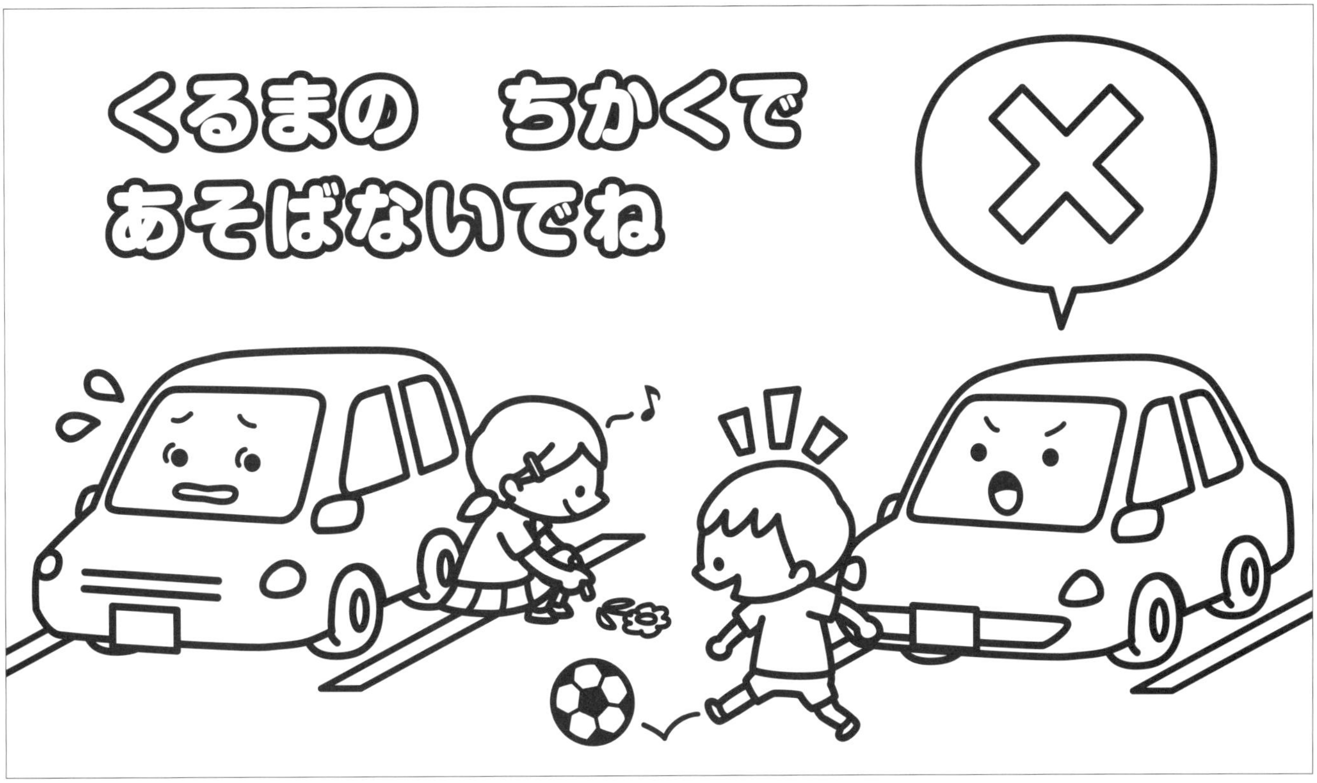
くるまの　ちかくで
あそばないでね

P101_02 <子ども向け>

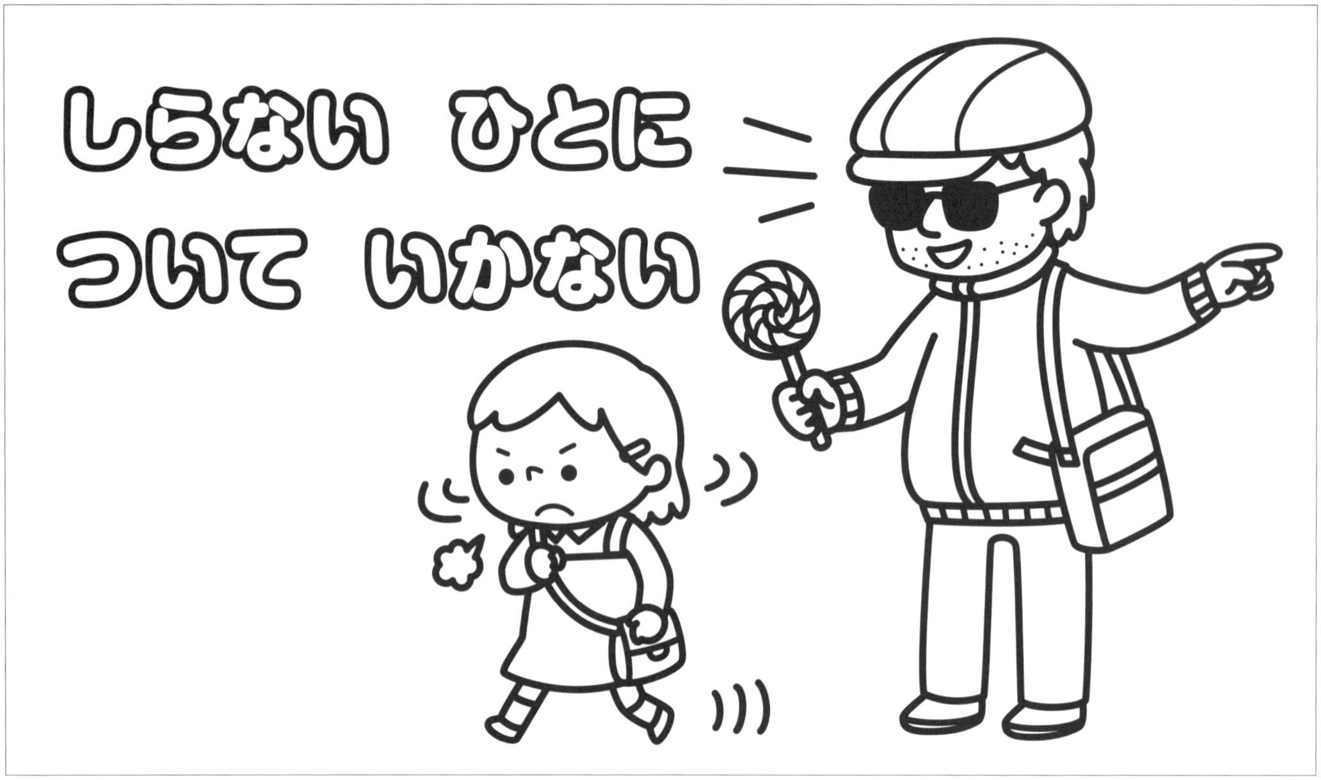
しらない　ひとに
ついて　いかない

P102_01 <子ども向け>

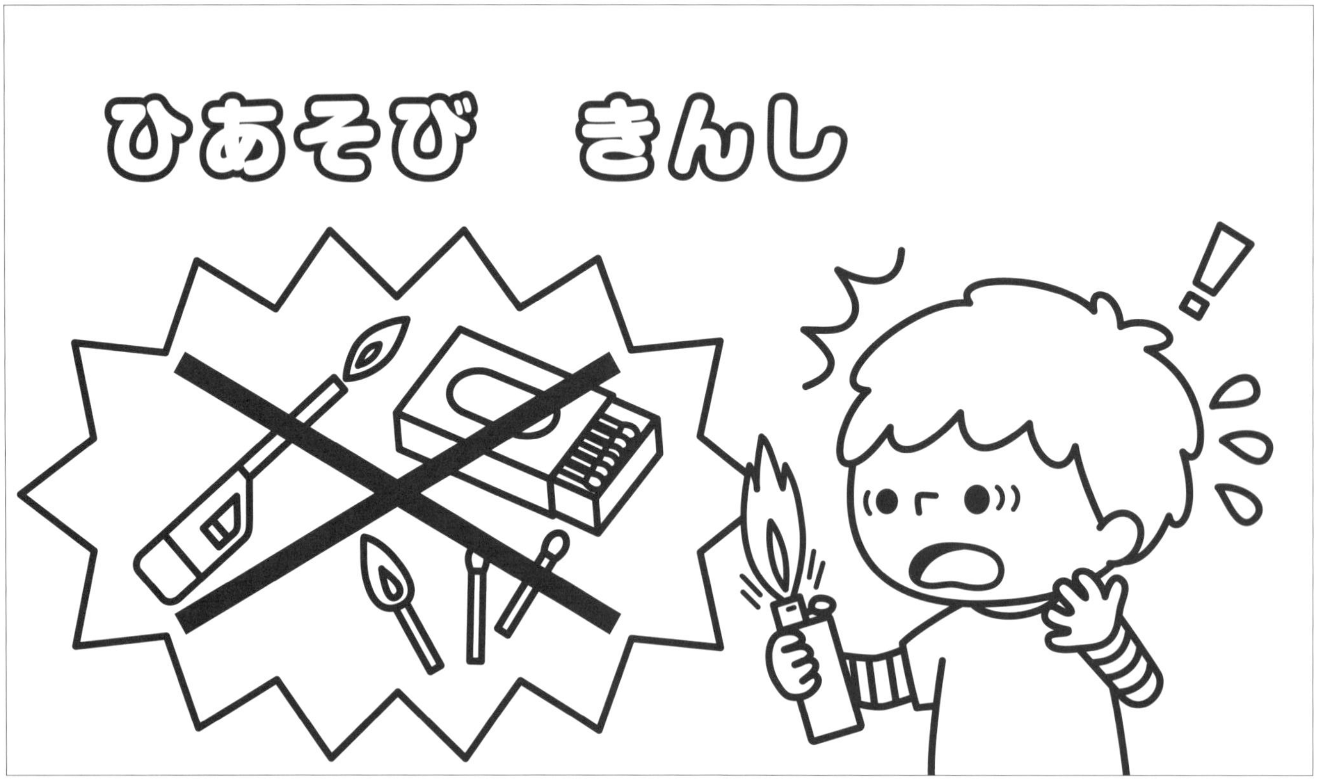
ひあそび　きんし

P102_02 <子ども向け>

チャイルド
シートを
使いましょう

P103_01 ＜保護者向け＞

子どもを車内に
置き去りにしない

P103_02 ＜保護者向け＞

P104_01 ＜保護者向け＞

P104_02 ＜保護者向け＞

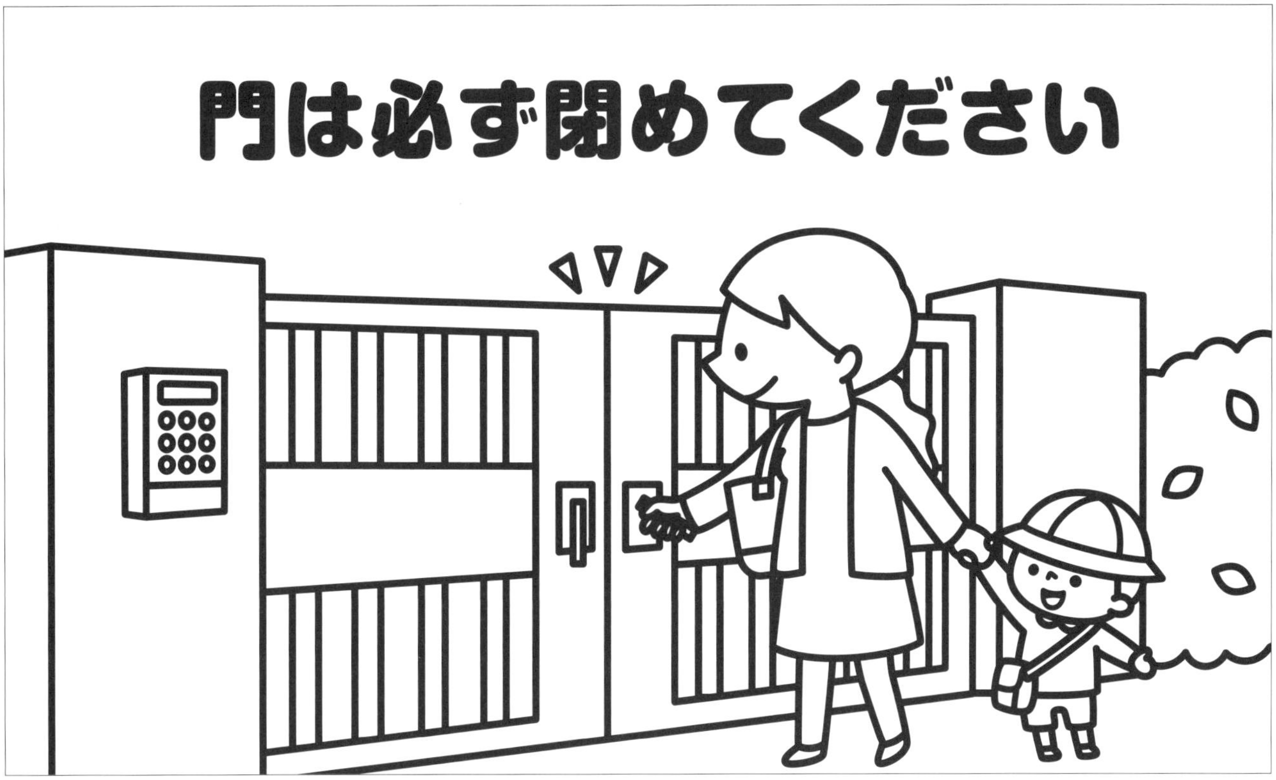
門は必ず閉めてください

P105_01 ＜保護者向け＞

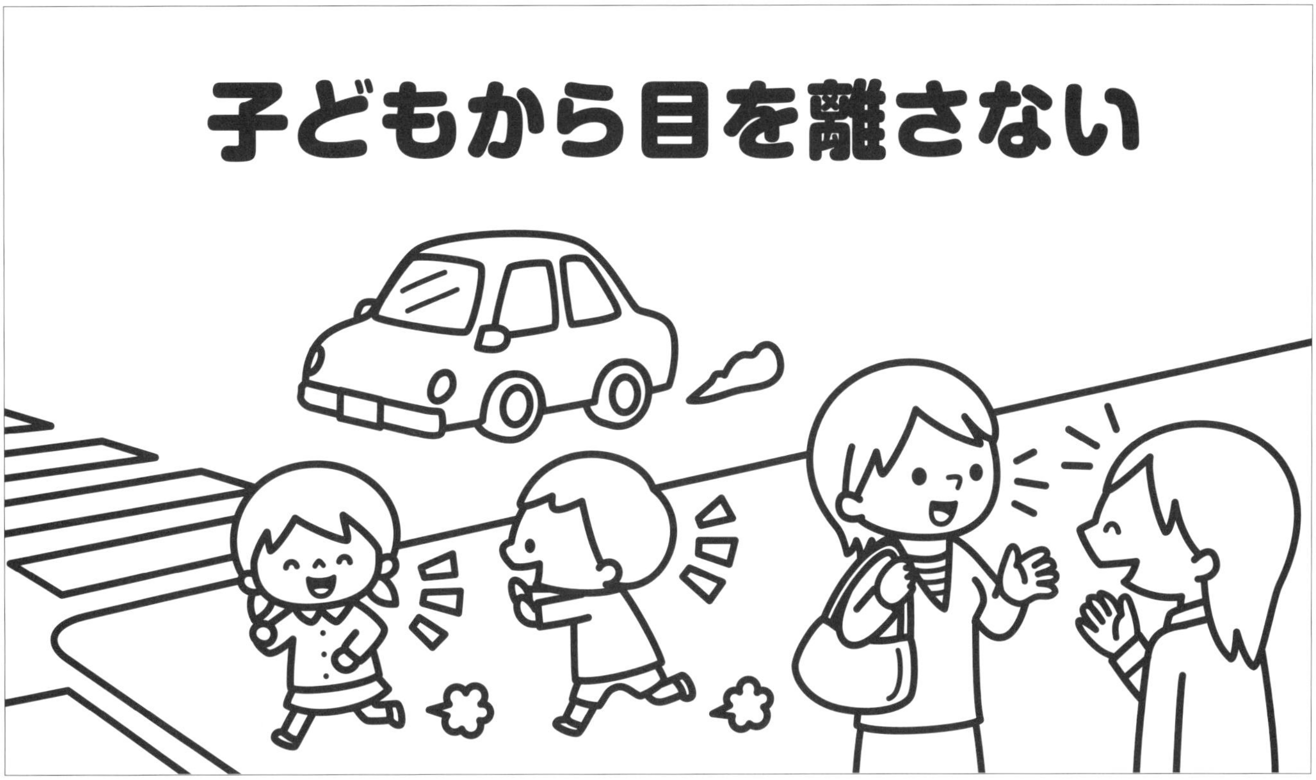
子どもから目を離さない

P105_02 ＜保護者向け＞

付属CD-ROMを使って おたよりを作ってみよう

テンプレートをもとにして、オリジナルのおたよりを作ろう！

付属CD-ROMには、あらかじめ文章やイラストがレイアウトされた、テンプレートが収録されています。
このテンプレートをもとにして、文章やイラストを差し替えてオリジナルのおたよりを作成してみましょう。
ここでは、Windows7で動く「Microsoft Office Word 2010」を利用した操作手順を紹介します。

※お使いのパソコンの動作環境などによって、操作方法や画面表示が異なる場合があります。

パソコンの基本操作

クリック
マウスボタン（2つある場合は左ボタン）を1回押します。

ダブルクリック
マウスボタン（2つある場合は左ボタン）を2回続けて押します。

ドラッグ&ドロップ
マウスボタン（2つある場合は左ボタン）をクリックしたままマウスを移動させて、目的の場所でクリックした指を離します。

1 テンプレートを開こう

※ここでは、p23の「元気だより」のテンプレートを使って説明します。

1 CD-ROMを挿入する

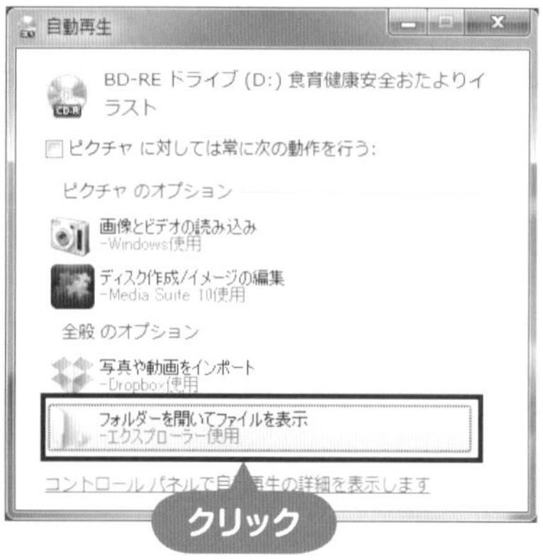

付属CD-ROMをパソコンのCD-ROMドライブに挿入すると、自動再生ダイアログが表示されます。「フォルダーを開いてファイルを表示」をクリックします。

2 テンプレートが入ったフォルダを開く

CD-ROMの内容が一覧表示されます。ここでは「02_template」→「P022_023」フォルダをダブルクリックして開きます。

ポイント

CD-ROMを挿入しても自動再生されない場合は

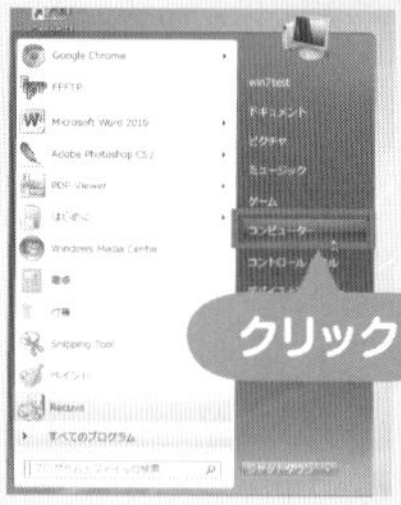

CD-ROMを挿入しても自動再生ダイアログが表示されない場合は、スタートメニューをクリックし、「コンピューター」をクリックします。

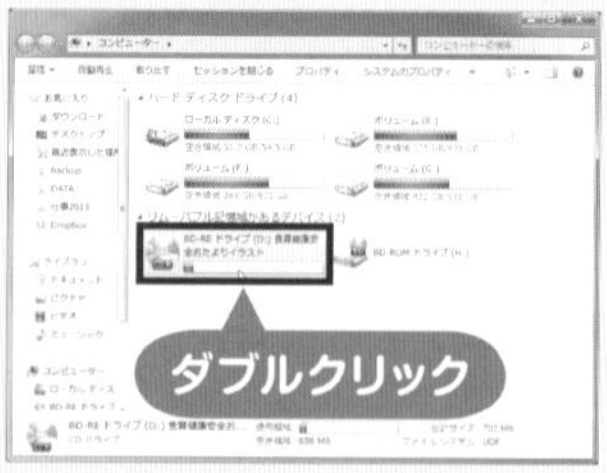

CD-ROMドライブのアイコンをダブルクリックします。すると、CD-ROMの中身が表示されます。

3 テンプレートをパソコンにコピーする

「P022_023」フォルダにある「P023_06」ファイルをデスクトップなどにドラッグ&ドロップしてコピーします。

4 ファイルを開く

コピーした「P023_06」ファイルをダブルクリックすると、Wordが起動してテンプレートが表示されます。

テンプレート画面

■「ファイル」タブ

編集した内容の保存や、ページの印刷などを行うメニューが表示されます。

■クイックアクセスツールバー

操作をすばやく行うために、よく使う機能のボタンを登録しておけます。

■そのほかのタブ

「挿入」「ページレイアウト」など、Wordの機能が、タブで大まかに分類されています。

■閉じるボタン

Wordを終了します。

■ヘルプ

Wordのヘルプ画面が表示されます。Wordの操作で分からない箇所があれば、このヘルプで調べることができます。

■「ホーム」タブ

文書作成の基本機能をまとめたタブです。

■リボン

Wordの操作ボタンが一覧表示されます。タブを切り替えることで、表示されるボタンも変わります。

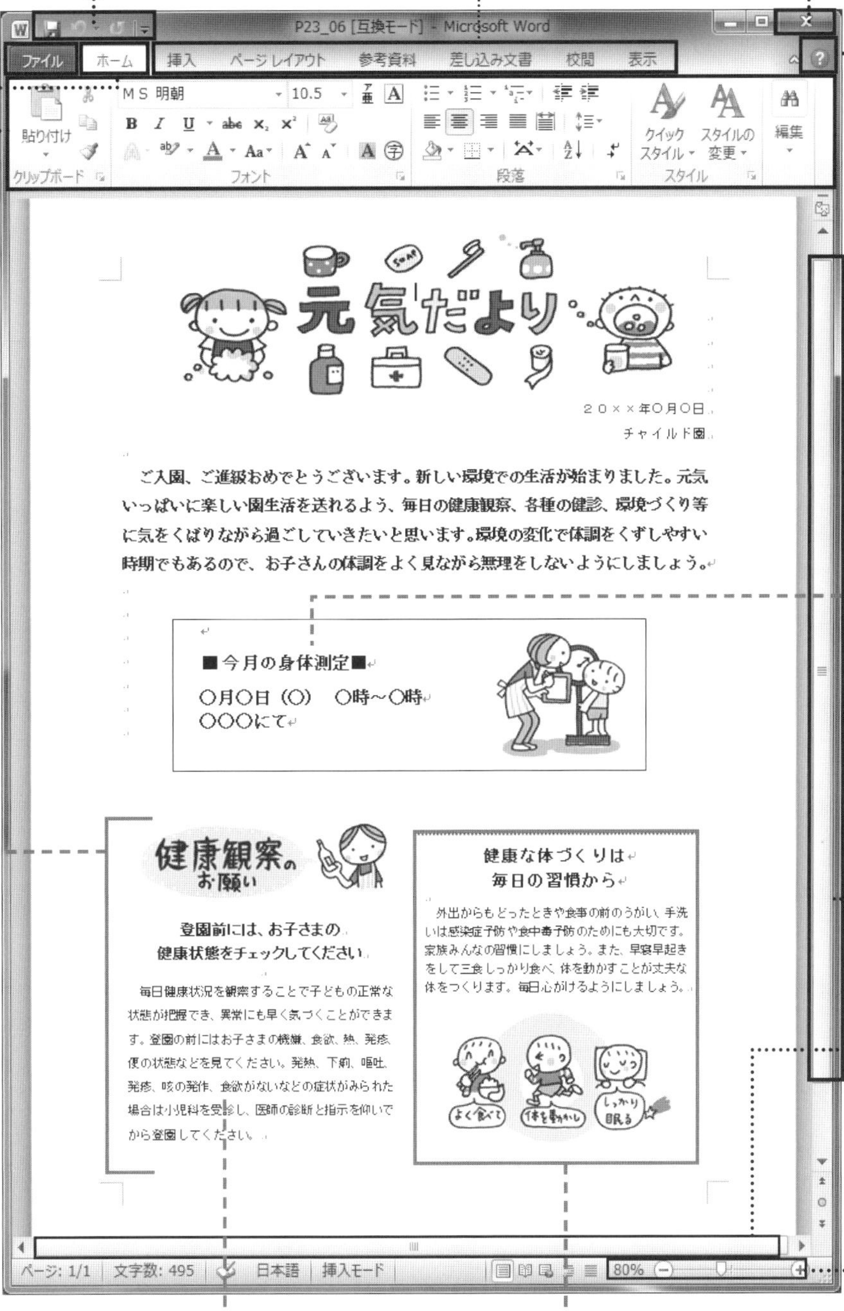

2 テンプレートの文章を書き換えてみよう

まずはテンプレートをそのまま利用して、文章の一部だけを書き換えてみましょう。

➜P108

■スクロールバー

文書の表示領域を移動できます。

3 テキストボックスやイラストの大きさを変えよう

テキストボックスやイラストの大きさを変えたり動かして、位置を調整する方法を紹介します。

➜P108

■ズームスライダー

画面表示の倍率を変更できます。

4 文字の大きさやデザインを変えてみよう

文字の大きさを変えてより多くの文章を入れたり、太字にして重要な文章を目立たせる方法を紹介します。

➜P109

5 イラストと文例を差し替えてみよう

テンプレートのイラストやテキストボックスを削除して、空いたスペースに、付属CD-ROMに収録されたイラストや文例を差し替えてみましょう。

➜P110

2 テンプレートの文章を書き換えてみよう

1 テキストボックス内の文章を書き換える

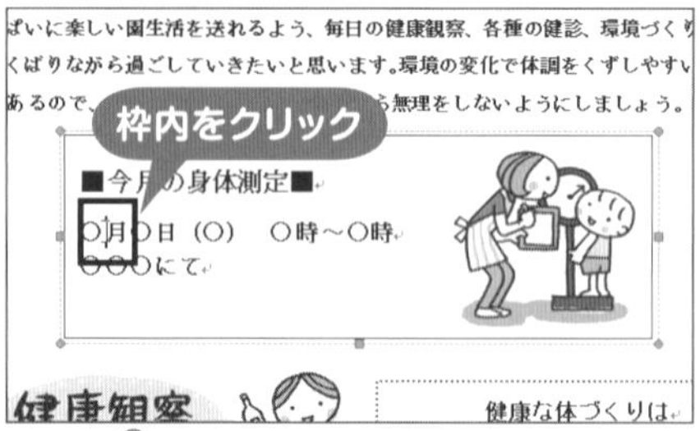

書き換えたい文章がある枠（テキストボックス）内をクリックすると、カーソルが表示され文章の編集が可能になります。

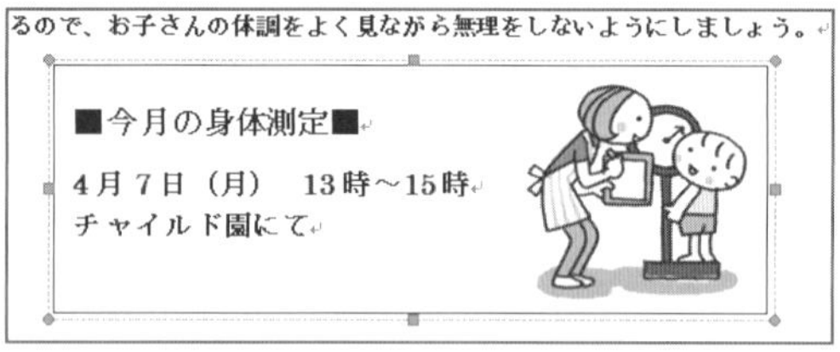

不要な文字を消して、新しい文章を入力します。

3 テキストボックスやイラストの大きさを変えよう

1 テキストボックスの大きさを変える

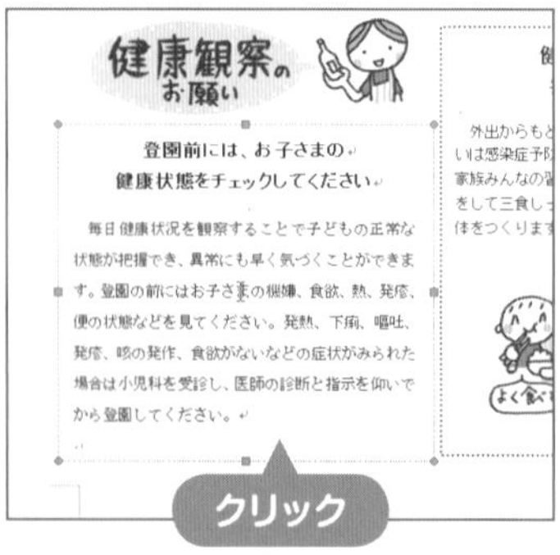

テキストボックスを一度クリックすると、そのテキストボックスが選択された状態になります。

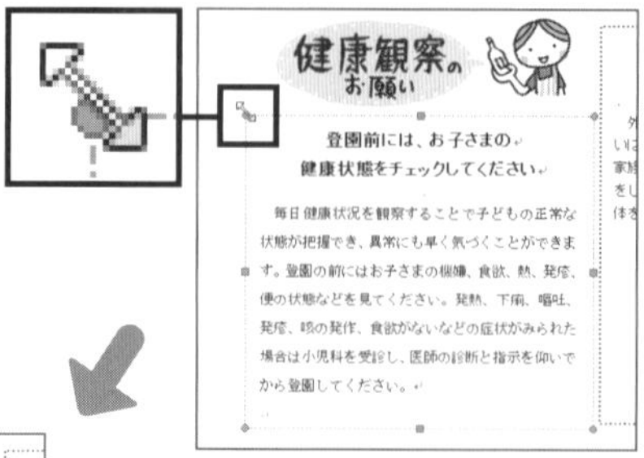

テキストボックスの四隅に表示されている●や、辺に表示されている■のマークの上にカーソルを合わせると、拡大・縮小カーソルに変わります。

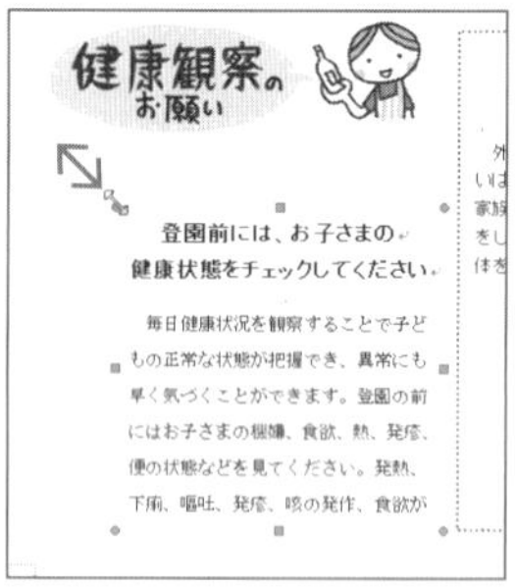

クリックしたままドラッグすると、テキストボックスのサイズを自由に変更できます。

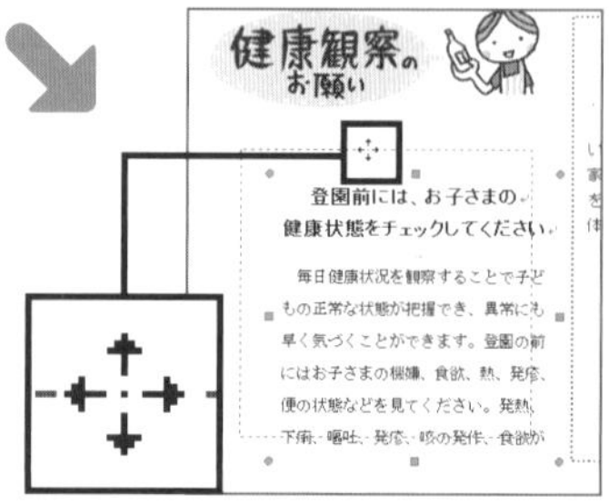

●■マーク以外の辺にカーソルを合わせると、十字カーソルに変わります。そのままドラッグすると、テキストボックス全体を移動できます。

2 イラストの大きさを変える

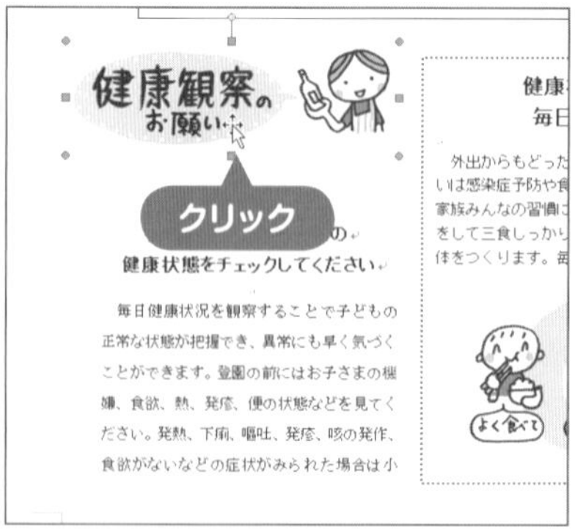

イラストの大きさを変える場合も、操作は同じです。まずイラストをクリックして選択状態にします。

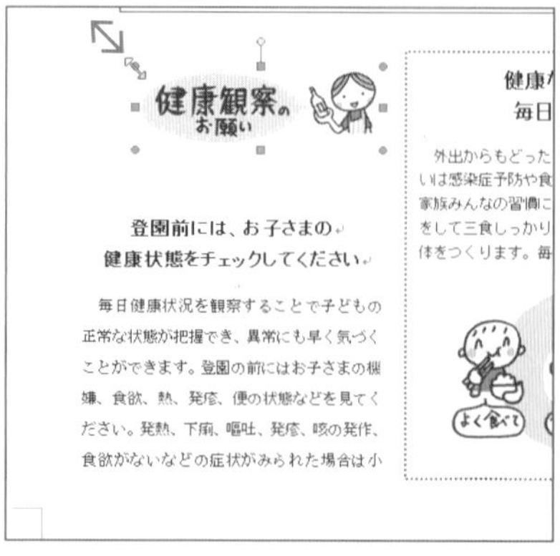

●■マークにカーソルを合わせてドラッグすると、イラストを拡大・縮小できます。またイラスト内にカーソルを合わせると十字カーソルになり、ドラッグでイラストを移動できます。

4 文字の大きさやデザインを変えてみよう

1 文字の大きさを変える

まず大きさを変えたい文字をドラッグして、選択状態にします。

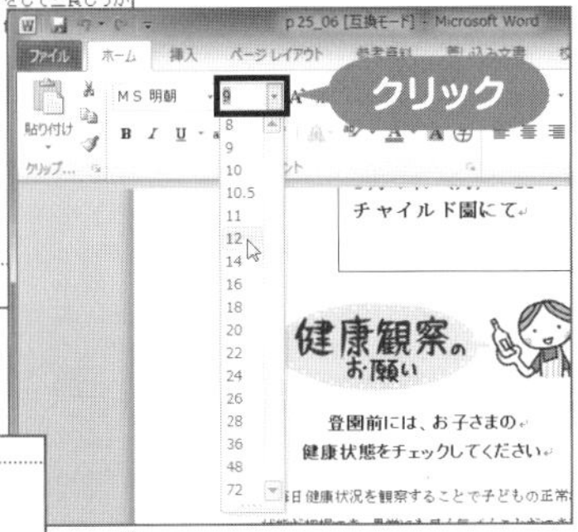

「ホーム」タブの「フォントサイズ」欄右にある「▼」をクリックし、好きな文字サイズを選択しましょう。メニューにない数字も、直接入力すればその大きさに変更できます。

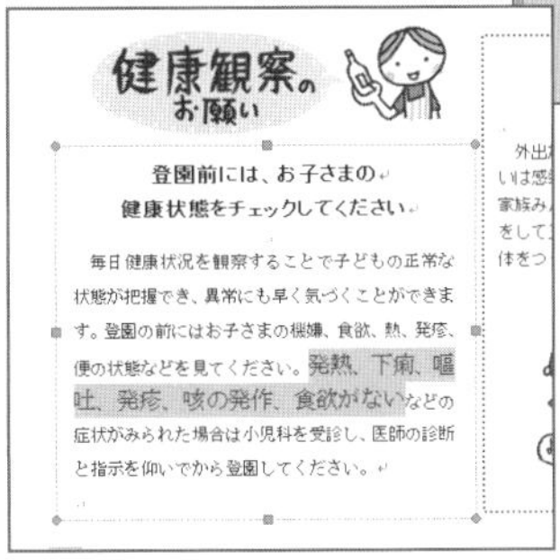

選択した文字が、指定のサイズに変わります。

2 文字を太字／細字にする

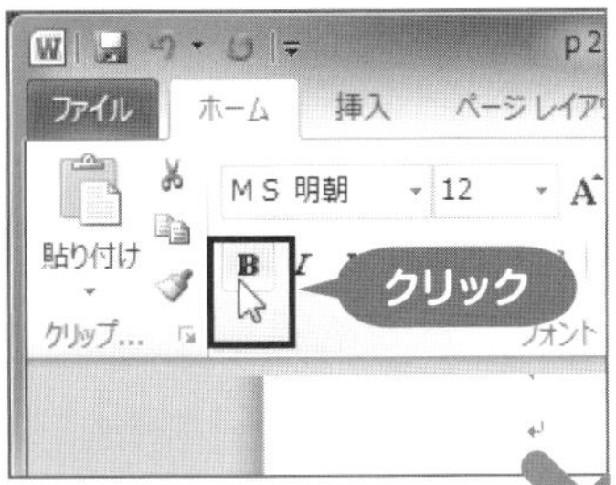

太字にしたい文字を選択し、「ホーム」タブの「B(太字)」ボタンをクリックします。

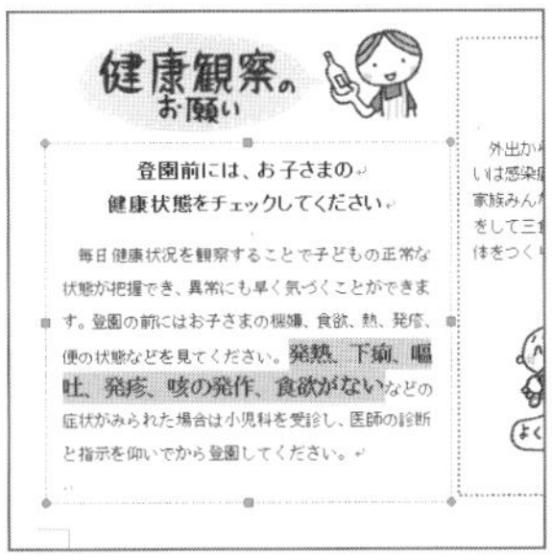

選択した文字が太字になりました。「B」ボタンをもう一度クリックすれば細字に戻ります。

3 文字の種類を変える

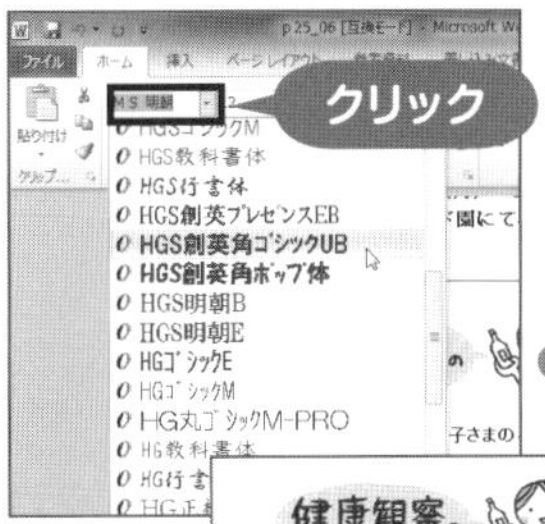

文字の種類（フォント）を変えたい文章を選択し、「ホーム」タブの「フォント」欄右にある「▼」をクリックして、好きなフォントを選びます。

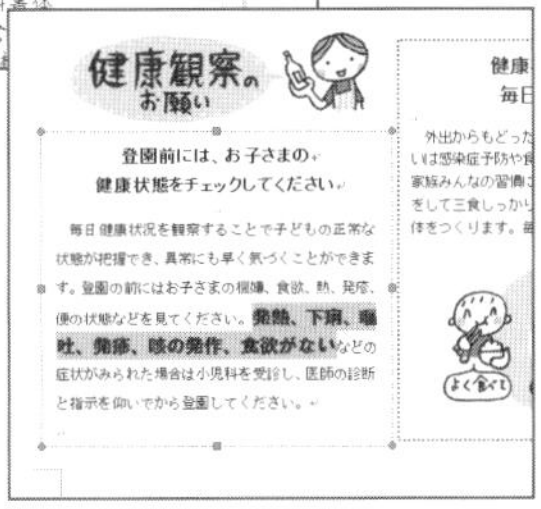

選択した文章が指定フォントに変わります。フォントの違いで文章のイメージもガラッと変わるので、いろいろ試してみましょう。

4 文字を左右や中央に揃える

文章を選択して、「ホーム」タブの「文字揃え」ボタンから、揃えたいボタンをクリックしましょう。ここでは、「文字列を左に揃える」ボタンをクリックします。

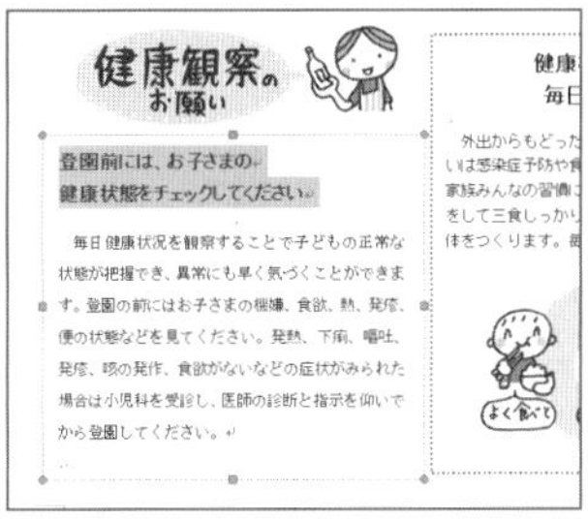

このように、選択した文章がテキストボックスの左端で揃えられます。中央や右に揃えたり、均等割り付けすることもできます。

5 行間を広く／狭くする

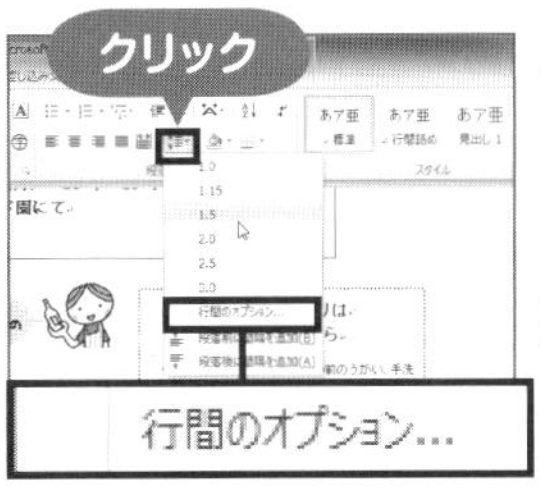

文章を選択して、「ホーム」タブの「行と段落の間隔」ボタンメニューをクリック。数字を選ぶと行間が広がります。行間を狭くしたい場合は、「行間のオプション」をクリック。

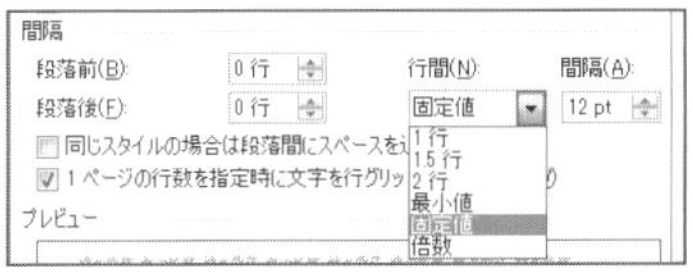

「間隔」の欄の「行間」を「固定値」に変更して、「間隔」の数字を下げると、行間を狭くすることができます。

5 イラストと文例を差し替えてみよう

1 不要なテキストやイラストを切り取る

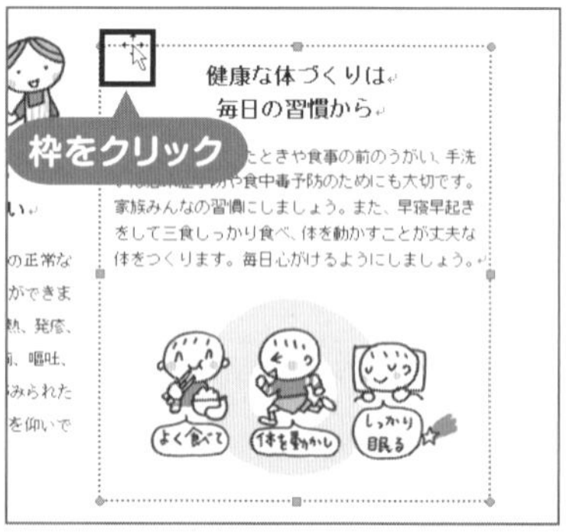
枠をクリック
健康な体づくりは
毎日の習慣から

不要なテキストボックスやイラストを削除して、スペースを空けます。まずは、テキストボックスの外枠部分をクリックして選択します。

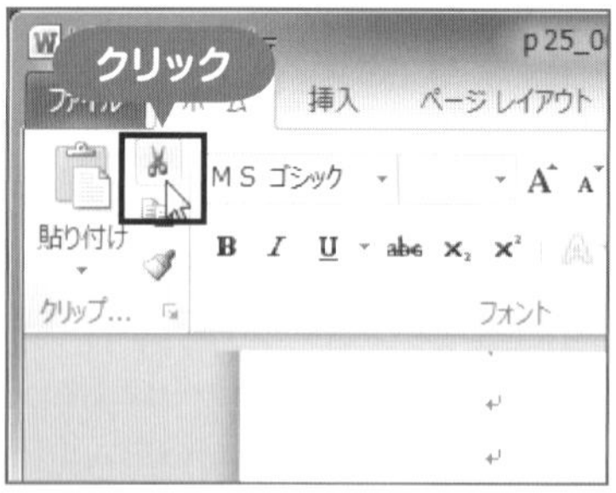
クリック
ファイル
挿入
ページ レイアウト
貼り付け
フォント

「ホーム」タブの「はさみ（切り取り）」ボタンをクリックすると、テキストボックスが削除されます。

残ったイラストも削除します。イラストをクリックして選択し、同じく「はさみ」ボタンで切り取ります。

これで、他のイラストや文例を入れるスペースが空きました。

2 付属CD-ROMのイラストを挿入する

クリック
ファイル
ホーム
挿入
ページ レイアウト
表
図
クリップアート
図形

付属CD-ROMに収録されたイラストを入れてみましょう。「挿入」タブの「図」をクリックして、CD-ROM を選択します。

イラストを選択
クリック
挿入(S)
キャンセル

付属CD-ROMから挿入したいイラストを選びます。ここでは「04_kenkou」→「01_haru」→「P072_073」フォルダの「P072_02」画像を選択し、「挿入」をクリックします。

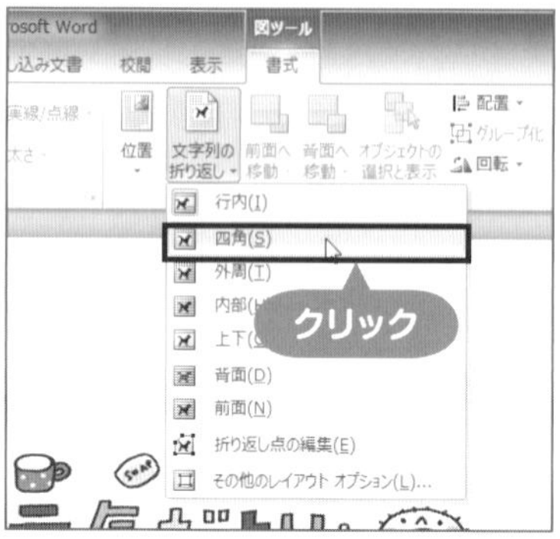
図ツール
書式
文字列の折り返し
行内(I)
四角(S)
クリック
その他のレイアウト オプション(L)...

イラストを挿入するとレイアウトがずれますが、このままではイラストを自由に移動できません。「書式」タブの「文字列の折り返し」メニューで「四角」をクリックしましょう。

ドラッグして
空きスペースに配置

これでイラストを自由に動かせるようになりました。先ほど空けたスペースに、挿入したイラストをドラッグして配置しましょう。

3 テキストボックスを挿入する

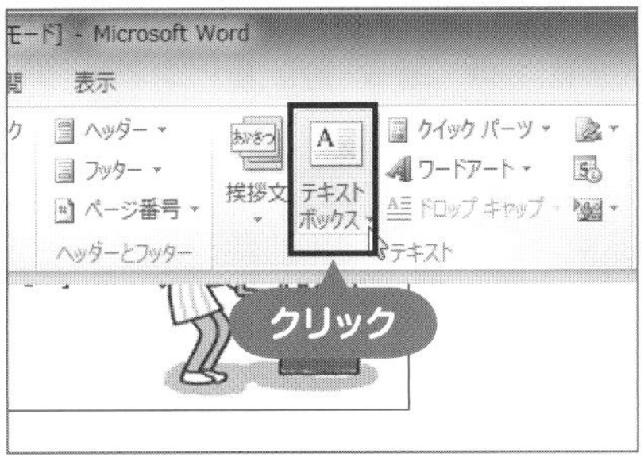

続いてテキストボックスを挿入しましょう。「挿入」タブの「テキストボックス」ボタンをクリックします。

メニューの下の方にある、「横書きテキストボックスの描画」をクリックします。縦書きで文章を追加したい場合は、その下の「縦書きテキストボックスの描画」を選択しましょう。

テキストボックスを挿入したい場所にカーソルを合わせてマウスをクリックします。

そのまま、文章を入れたい範囲までドラッグします。ドラッグした範囲に、テキストボックスが作成されます。

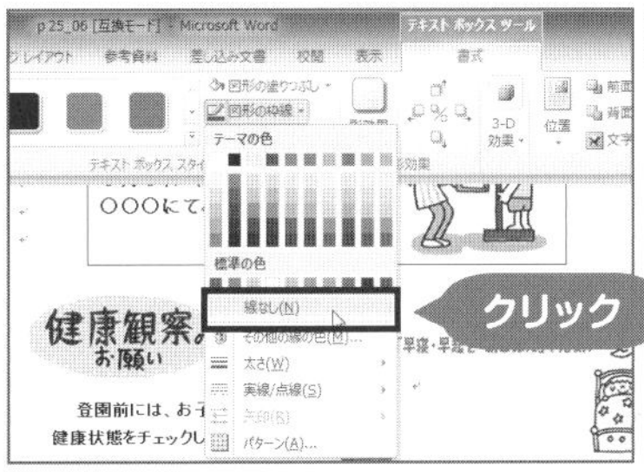

「書式」タブの「図形の枠線」ボタンをクリックし、メニューから「線なし」を選択すれば、周囲の枠線が消えます。

4 イラストやテキストボックスを前面／背面に移動する

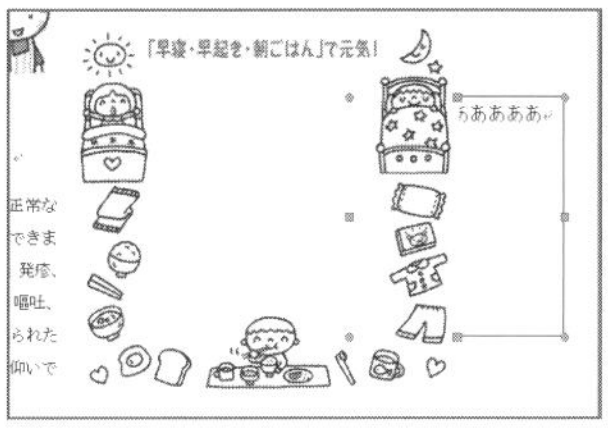

テキストボックスを作成してからイラストを挿入すると、テキストボックスがイラストの後ろに隠れてしまいます。

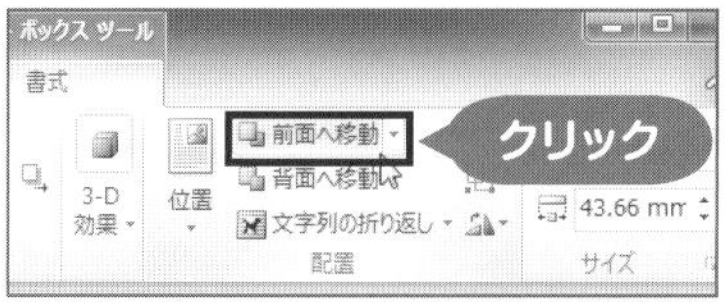

このような場合は、テキストボックスを選択した状態で、「書式」タブの「前面へ移動」をクリックすればイラストの前に表示されます。イラストを選択して「背面へ移動」でも構いません。

5 付属CD-ROMのテキストを挿入する

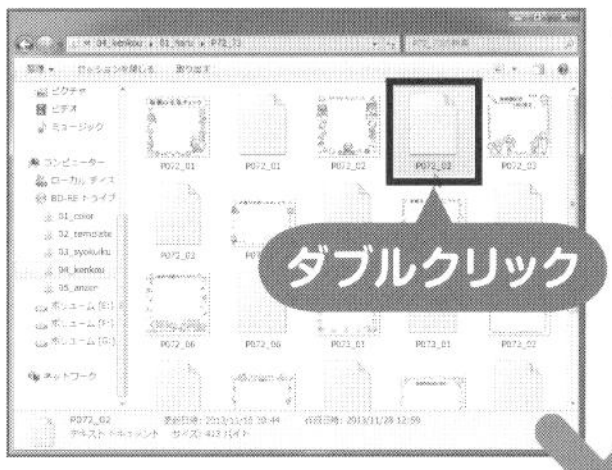

付属CD-ROMから挿入したい文例を選びましょう。ここでは「04_kenkou」→「01_haru」→「P072_073」フォルダの、「P072_02」テキストをダブルクリックして開きます。

文例テキストを選択して、右クリックでコピーしましょう。

テキストボックスを選択し、「ホーム」タブの「貼り付け」ボタンをクリックして、文例を貼り付けます。

あとは文字サイズやフォント、行間を調整して、テキストボックス内に文章を収めれば完成です。

6 作成したおたよりを保存・印刷する

作成したおたよりは、「ファイル」メニューで保存、印刷しましょう。

● 文例執筆・監修（50音順に掲載）

石井のぞみ（総合母子保健センター愛育病院 新生児科部長）
弥冨秀江（株式会社ヘルスイノベーション代表／管理栄養士）
岩﨑麻里子（東京都・月かげ幼稚園 園長）
内野美恵（東京家政大学准教授／管理栄養士）
尾形由美子（宮城県・青葉こども園 前園長／宮城学院女子大学 非常勤講師）
小西律子（兵庫県・おさなご保育園 園長）
佐々木美由樹（青森県・藤崎保育所 栄養士）
柴田衣子（千葉県・健伸幼稚園 園長）
志村雄治（神奈川県・白山幼稚園 園長）
中島美奈子（愛知県・明照保育園 主幹保育教諭／豊橋創造大学短期大学部 客員教授）
福井県・つぼみ保育園

【データの使用許諾について】

○ 付属のCD-ROMに収録されているデータは、本書をご購入されたお客様のみに使用が許可され、営利を目的としない園だよりや学校新聞、プライベートなカード等に使用できます。園の広告、パンフレット、看板、マークなどには無断で使用することはできません。また、ホームページなどの電子媒体（個人的なものを含む）には目的にかかわらず使用できません。

○ 付属のCD-ROMに収録されているデータを無断でコピーして頒布することは、著作権法上で固く禁じられています。

● 本文イラスト（50音順に掲載）

あくざわめぐみ／いけだこぎく／石崎伸子／いとうみき
うえはらかずよ／宇田川幸子／おおたきょうこ／菊地清美／北村友紀
坂本直子／柴田亜樹子／しまだ・ひろみ／すぎやままさこ
すまいるママ／たかはしなな／田中なおこ／ナシエ／楢原美加子
にしだちあき／福々ちえ／みさきゆい／やまざきかおり／YUU

チャイルド本社ホームページアドレス　https://www.childbook.co.jp/
チャイルドブックや保育図書の情報が盛りだくさん。どうぞご利用ください。

ポットブックス
食育・健康・安全 おたより文例&イラスト集

2014年2月　初版第1刷発行
2022年1月　　　第9刷発行

編　者／ポット編集部
発行人／大橋 潤
発行所／株式会社チャイルド本社
〒112-8512　東京都文京区小石川5-24-21
☎03-3813-2141（営業）　☎03-3813-9445（編集）
振　替／00100-4-38410
印刷・製本／図書印刷株式会社

ISBN978-4-8054-0223-8
NDC376　26×21cm　112P

カバー絵 ● *すまいるママ*　しまだ・ひろみ
扉・CD絵 ● *すまいるママ*
カバー・扉・CDデザイン ● 檜山由美
本文デザイン ● 島村千代子　株式会社ライラック
本文・CD-ROM校正 ● 有限会社くすのき舎
CD-ROM製作 ● 株式会社ケーエヌコーポレーションジャパン
編集 ● 株式会社ライラック
検証 ● 有限会社シンタックスデザイン
編集協力 ● 株式会社スリーシーズン　植松まり　西川希典
編集担当 ● 石山哲郎　西岡育子